Effektiv lernen

Monika Löhle

Effektiv lernen

Erprobte Strategien für mehr Erfolg in der Schule

2., überarbeitete Auflage

Monika Löhle. 1969-1975 Studium der Mathematik, Geografie und Kommunikation in München und Stuttgart. 1976-2014 Lehrerin an einem Gymnasium in Ravensburg sowie dort auch Beratungslehrerin. Tätigkeit als Dozentin im Bereich Bildung und als Kommunikations- und Lern-Coach.

Die erste Auflage des Buches ist 2005 mit dem Titel „Lernen lernen. Ein Ratgeber für Schüler" erschienen.

Bibliografische Information der Deutschen Nationalbibliothek

Die Deutsche Nationalbibliothek verzeichnet diese Publikation in der Deutschen Nationalbibliografie; detaillierte bibliografische Daten sind im Internet über http://dnb.dnb.de abrufbar.

Hogrefe Verlag GmbH & Co. KG
Merkelstraße 3
37085 Göttingen
Deutschland
Tel.: +49 551 999 50 0
Fax: +49 551 999 50 111
E-Mail: verlag@hogrefe.de
Internet: www.hogrefe.de

Satz: ARThür Grafik-Design & Kunst, Weimar
Illustrationen: Rainer Weishaupt, Ravensburg
Druck: Media-Print Informationstechnologie, Paderborn
Printed in Germany
Auf säurefreiem Papier gedruckt

2. Auflage 2016

(E-Book-ISBN [PDF] 978-3-8409-2730-0; E-Book-ISBN [EPUB] 978-3-8444-2730-1)
ISBN 978-3-8017-2730-7
http://doi.org/10.1026/02730-000

Inhaltsverzeichnis

Einführung

Du möchtest deine Noten halten oder sogar verbessern? Du bist mit deinen derzeitigen Noten unzufrieden und das nächste Zeugnis soll besser werden? Du weißt nicht recht, wie du das anstellen sollst? Du hast schon einiges versucht, aber nichts hat funktioniert? Du weißt nicht, wie du deine Aufschieberitis in den Griff bekommen kannst? Vielleicht lernst du sehr viel und weißt nicht, warum deine Noten trotzdem schlecht sind. Du möchtest dein Lernverhalten ändern.

Dann ist dieses Buch genau richtig für dich. Ich habe es für dich geschrieben. Seit vielen Jahren befasse ich mich professionell mit dem Lernen, habe durch das Unterrichten verschiedener Fächer in allen Klassenstufen und durch unzählige Gespräche mit Schülern und Eltern vielfältige Erfahrungen gesammelt, Vorträge an den verschiedensten Schularten gehalten, Workshops gegeben und war jahrzehntelang in der Lernberatung tätig. Der für viele Schüler überraschende Schulerfolg bei Einhaltung einer Handvoll Grundregeln, die strahlenden Augen bei der Erfahrung bessere Noten durch effektive Lernmethoden zu erhalten, hat mich zum Schreiben dieses Lernratgebers motiviert. Da sich seit der Erstausgabe viel geändert hat, habe ich ihn vollständig überarbeitet und auf den neuesten Stand gebracht.

Für das richtige Lernen gibt es genauso wichtige Grundbedingungen und Regeln wie für das Autofahren. Wenn du die Regeln nicht be-

herrschst, dann kommt es früher oder später zum Unfall. Beim Autofahren leuchtet das jedem sofort ein. Dass es beim Lernen genauso ist, ist vielen Schülerinnen und Schülern unklar.

Das vorliegende Buch soll dich wie ein Reiseführer durch das Land des erfolgreichen Lernens begleiten und dich in Etappen zu deinem Ziel, nämlich deinem persönlichen, bestmöglichen Schulerfolg führen. Und das mit möglichst effektiven Lernstrategien, sodass dir genügend Freizeit für Hobbys und Freunde treffen bleibt. Gut für dich, wenn du dich schon beim Lernen auf den Erfolg freuen kannst. Das stärkt deine Motivation und wird zum sich selbst verstärkenden System.

Um die Identität zu wahren, wurden alle Schüler- und Lehrernamen geändert. Um eine flüssige, leicht lesbare Form zu wählen, schreibe ich von Schülern und Lehrern, womit ebenfalls Schülerinnen und Lehrerinnen gemeint sind. Selbstverständlich beabsichtige ich damit nicht, mein eigenes Geschlecht zu diskriminieren.

Ravensburg, Sommer 2015 Monika Löhle

1 Der schnelle Weg zu guten Noten

Der Mensch hat dreierlei Wege klug zu handeln:
Erstens durch Nachdenken, das ist der edelste.
Zweitens durch Nachahmung, das ist der leichteste.
Drittens durch Erfahrung, das ist der bitterste.

Konfuzius

1.1 Die mündliche Mitarbeit

Vielleicht hast du noch nie über den Zusammenhang von mündlicher Mitarbeit und Zeugnisnoten in einzelnen Fächern nachgedacht. Es kommt dir so vor, wie wenn diese zwei Dinge nichts miteinander zu tun haben. Das ist ein häufiger Irrtum. Es ist sogar so, dass deine Beteiligung am Unterricht dein wichtigster Beitrag zu deinem eigenen Schulerfolg ist. Gemeint ist damit deine Neugierde, deine Lernbegierde, deine Antwort auf eine Lehrerfrage, deine Frage zum Thema, deine aktive Beteiligung bei Gruppenarbeit, Teamwork, Aktionen, Recherchearbeit, kurz: deine Mitarbeit. Viele Schüler meinen, es ginge einfach nur um das ständige Strecken. Nein, deine Mitarbeit kannst du durch viel mehr als nur durch dein Strecken ausdrücken. Auch ruhige, schüchterne Schüler, die sich selten von selbst melden, können aktiv mitarbeiten. Es geht also um deine Aufmerksamkeit im Unterricht. Wie stark denkst du bei den Erklärungen deines Lehrers mit? Womit beschäftigst du dich, während der Lehrer etwas erklärt? Schweifst du in Gedanken ab oder lenkst du sogar dich und deine Mitschüler ab? Wenn das ab und zu einmal passiert, ist das kein Drama. Aber das Maß deiner Aufmerksamkeit und deiner Beteiligung am Unterricht stimmt häufig mit dem Schulerfolg überein. Wenn du bisher genau in diesem Bereich Probleme hast, hast du jede Menge Optionen, deine Mitarbeit sofort zu verbessern.

Tipp:

Beobachte einmal die drei besten Schüler deiner Klasse nacheinander je einen Tag lang genau und vergleiche deren Verhalten mit deinem Verhalten. Fülle dazu folgendes Vergleichsblatt aus. Schau ganz genau hin.

Angenommen, Alex ist der beste Schüler deiner Klasse.

☐ Hat Alex seine Hausaufgaben sorgfältig gemacht?	☐ Hast du deine Hausaufgaben sorgfältig gemacht?
☐ Hat Alex seine Fehler bei der Hausaufgabenbesprechung in seinem Heft verbessert?	☐ Hast du deine Fehler bei der Hausaufgabenbesprechung in deinem Heft verbessert?
☐ Hat Alex Hinweise des Lehrers notiert?	☐ Hast du die Hinweise des Lehrers notiert?
☐ Hat Alex den Unterricht gestört?	☐ Hast du den Unterricht gestört?
☐ Hat Alex Fragen gestellt, wenn er etwas nicht verstanden hat?	☐ Hast du Fragen gestellt, wenn du etwas nicht verstanden hast?
☐ War Alex überwiegend aufmerksam im Unterricht?	☐ Warst du überwiegend aufmerksam im Unterricht?
☐ Hat Alex sich im Unterricht gemeldet?	☐ Hast du dich im Unterricht gemeldet?
☐ Wie hat Alex sein Interesse gezeigt?	☐ Hast du Interesse gezeigt?
☐ Hat Alex sorgfältig mitgeschrieben?	☐ Hast du sorgfältig mitgeschrieben?
☐ War Alex der Unterricht sichtbar langweilig?	☐ War dir der Unterricht sichtbar langweilig?
☐ Kam Alex pünktlich zum Unterricht?	☐ Kamst du pünktlich zum Unterricht?

Häufig kann man bei guten Schülern die obigen Fragen mit Ja beantworten. Das ist kein Zufall, denn die guten Noten sind oft das Ergebnis einer aufmerksamen Mitarbeit.

Merke:

Eine erfolgreiche mündliche Mitarbeit besteht aus:
- Zuhören
- Mitdenken
- Mitreden
- Mitschreiben

Wie viel die mündliche Mitarbeit für deine Noten ausmacht, soll dir ein Beispiel klar machen.

Beispiel: Lena passt nicht auf

Lena ist in der 5. Klasse eines Gymnasiums. Sie sitzt in jeder Mathematikstunde verträumt in ihrer letzten Bank und passt nicht auf. Jeden Tag geht der Lehrer von Bank zu Bank und kontrolliert die Hausaufgaben. Nach einiger Zeit fragt er: „Lena, weshalb passt du im Unterricht so wenig auf?“ Lena antwortet: „Heute Nachmittag erklärt mir meine Mama den Stoff viel besser als Sie.“ Offensichtlich hat ihr die Mutter nicht gut genug helfen können, denn ihre Noten in Mathematik sind sehr schlecht.

Wie kann man sich dieses Ergebnis erklären? Die Erklärung ist ganz einfach. Die Mutter erklärt anders und mit anderen Schwerpunkten als der Lehrer. Die Klassenarbeiten werden aber vom Lehrer und nicht von der Mutter aufgestellt, das heißt, Lena muss genau das können, was im Unterricht behandelt wurde.

Ich will dir das anhand folgender Skizze erklären.

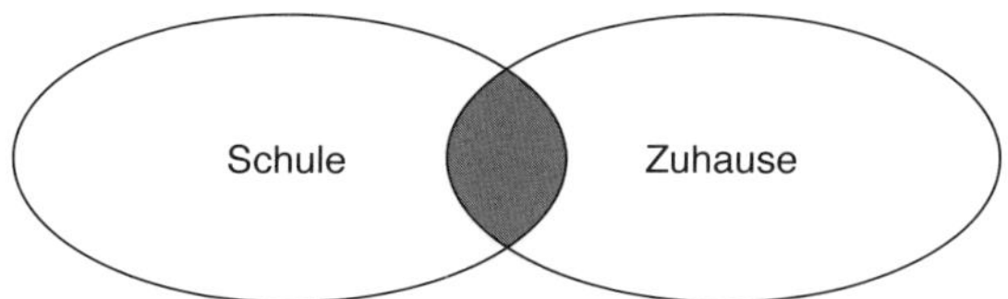

Das linke Oval steht für den Unterrichtsstoff, den der Lehrer im Unterricht erklärt. Das rechte Oval stellt den Stoff dar, den die Mama am Nachmittag erklärt. Genau genommen lernt Lena am Nachmittag sogar mehr als die anderen Schüler am Vormittag in der Schule. Aber das nützt ihr leider nichts, da in der Klassenarbeit das gefragt wird, was in der Schule gelernt wurde. Sie kann also nur den Teil des Stoffs, der gleichzeitig in beiden Ovalen liegt. Das ist der mittlere graue Teil. Obwohl sie also wirklich viel gelernt hat, bekommt sie in den Klassenarbeiten schlechte Noten.

So hat sie sich durch ihre Unaufmerksamkeit im Unterricht folgende Nachteile eingehandelt:

- Sie hat nicht den ganzen Stoff mitbekommen.
- Sie hat nicht mitbekommen, was dem Lehrer am wichtigsten ist.
- Ihr war langweilig, weil sie schon wusste, dass ihr das nachmittags nochmals erklärt wird.
- Sie hat ihre Unterrichtszeit durch Unachtsamkeit und ihre Freizeit durch unnötiges Lernen vergeudet.
- Sie hat nachmittags mehr Zeit als notwendig zum Lernen gebraucht.
- Sie lernt einerseits mehr, als sie in der Klassenarbeit wissen und können muss, kann aber den in der Schule behandelten Stoff nicht.
- Sie kann in der Klassenarbeit nicht zeigen, was sie kann, weil nicht abgefragt wird, was sie zu Hause gelernt hat.
- Sie ist frustriert und beginnt, an sich zu zweifeln.

Nachdem Lena dies alles klar geworden ist, hat sie besser aufgepasst, hat nachmittags mehr Freizeit gehabt und dennoch bessere Noten geschrieben. Sie hat sich folgenden Merksatz zum Motto gemacht:

Merke:

Im Unterricht aufpassen spart Zeit!

Wenn man im Unterricht nicht aufpasst, ist man nicht dumm, aber man *verhält* sich unklug!

Lena hat erkannt, dass es viel besser für sie ist, wenn sie aufpasst, da sie ja auf jeden Fall im Unterricht sitzt, ob sie nun aufpasst und mitmacht oder nicht. Sie hat die Entdeckung gemacht, dass der Unterricht gar nicht so langweilig ist, wenn man sich beteiligt. Außerdem hat sie bemerkt, dass sie nachmittags viel mehr Freizeit hat, wenn sie in der Schule gut aufgepasst hat. Und das Beste an der ganzen Sache ist, dass sie zu all diesen Vorteilen hinzu auch noch bessere Noten schreibt und mehr Anerkennung erhält.

1.1.1 Mündliche Mitarbeit verbessern

Dir ist inzwischen sicher ein Licht aufgegangen. Du musst mehr und besser mitarbeiten. Vielleicht ist dir noch nicht klar, was dich von einer guten Mitarbeit abhält? Dann hilft dir folgende kleine Selbsterkundung.

Wie sieht meine mündliche Mitarbeit aus?
Beantworte folgende Fragen: Wie war deine mündliche Mitarbeit zu Beginn deiner Schulzeit? ____________________ ____________________ Wie schätzt du deine mündliche Mitarbeit derzeit ein? ____________________ ____________________ In welchem Fach machst du super mit? Nenne Gründe. ____________________ ____________________ In welchem Fach machst du überhaupt nicht mit? Nenne Gründe. ____________________ ____________________ Wie reagieren deine Mitschüler normalerweise auf eine Antwort von dir? ____________________ ____________________

Wie reagieren deine Mitschüler normalerweise auf eine Frage von dir?

____

____

Was genau ist es, was dir im Unterricht den Mut nimmt, dich zu melden?

____

____

Welche Situation hat dich schon einmal ermutigt, dich im Unterricht zu melden?

____

____

Welche Begebenheit fällt dir zu deiner mündlichen Mitarbeit ein?

____

____

____

____

____

____

____

____

____

Checke deine Antworten. Die Selbsterforschung soll dir helfen zu erkennen, was du schon gut machst und wo Verbesserungsbedarf besteht.

Findest du Situationen, in denen du dich in Zukunft anders verhalten könntest? Gehe in kleinen Schritten vorwärts und notiere dir deine Verbesserung.

Beachte noch folgenden Vorteil: Je mehr du dich von selbst meldest, umso weniger wirst du überraschend aufgerufen. Dadurch hast du deutlich weniger Stress im Unterricht. Falls du eine große Schwierigkeit damit hast, im Unterricht aufzupassen und mitzumachen, habe ich noch einen weiteren Tipp für dich, der schon sehr vielen Schülern geholfen hat.

Tipp:

Erfinde Geheimzeichen, um dich selbst zum Melden zu motivieren. Du kannst zum Beispiel hinten in deinem Heft oder auf einem separaten Blatt jedes Mal, wenn du dich meldest, einen senkrechten Strich machen. So:

|

Wenn der Lehrer dich aufgerufen hat und du eine Antwort gegeben hast, änderst du das Zeichen mit einem Querbalken, so:

+

Wenn der Lehrer dich gelobt hat oder du selbst total zufrieden mit dir bist, machst du um dein Zeichen herum noch einen Kreis, so:

⊕

Nun kann deine „Geheimliste“ zum Beispiel nach der Mathe- oder Englisch-Stunde so aussehen:

| | + | | + | | ⊕ |

„Übersetzt“ bedeutet diese „Zeichenkette“ für dich nun: Ich habe mich in dieser Stunde insgesamt zehnmal gemeldet, dabei bin ich dreimal dran gekommen und dabei bin ich einmal gelobt worden.

Mit dieser Methode kannst du deine Mitarbeit überprüfen und dich sogar zu mehr Mitarbeit motivieren.

1.1.2 Sprechen üben

Falls du grundsätzlich Schwierigkeiten beim Reden vor Gruppen hast und lieber still bist, habe ich hier ein paar Tipps für dich.

Suche Gelegenheiten zum Sprechen:

- Trete einer Arbeitsgemeinschaft an deiner Schule bei, dem Roten Kreuz oder einem Sportverein.
- Rufe einfach jemanden an, mit dem du sonst wenig redest. Das kann ein Mitschüler sein, aber auch jemand aus deiner Verwandtschaft oder Bekanntschaft. Stelle Fragen nach der Lösung einer bestimmten Hausaufgabe. Vielleicht löst dein Anruf Erstaunen aus, vielleicht ist die Reaktion sogar abweisend. Gib nicht vorschnell auf, versuche es mit einer anderen Person am nächsten Tag. Nach einiger Zeit werden dir richtig gute Gespräche gelingen.
- Oder gehe in ein Geschäft, eine Firma, eine Behörde oder ein Amt und stelle Fragen.
- Rufe deine Oma, deinen Opa, deine Tante oder deinen Onkel an. Erzähle einfach von der Schule, deinem Hobby etc. und frage, wie es ihnen geht.
- Frage bei der Theater-AG deiner Schule oder deiner Stadt nach, ob du mitmachen darfst. Theaterspielen macht selbstsicher und befreit von vielen Ängsten!
- Wenn du Angst vor dem Auftreten hast, so ist ein Puppen- oder Marionettentheater eine gute Alternative. Beginne mit einer Nebenrolle, das ist schwierig genug für den Anfang.

Spielregeln für ein Gespräch

- Rede von Anfang an mit, aber fasse dich kurz. Wer zu lange redet, dem hört man nicht gerne zu.
- Betone deine Meinung, auch dann, wenn andere widersprechen. Schließe dich der gerade herrschenden Meinung nur an, wenn du wirklich überzeugt davon bist.
- Sprich laut und deutlich. Wenn oft gefragt wird „Wie bitte?“, solltest du es mit deutlicherem Sprechen versuchen.
- Zeige, dass du gut informiert bist. Durch das Lesen der Tageszeitung und durch die Auswahl aktueller Fernsehsendungen kannst du dich mit spannenden, traurigen oder lustigen Beiträgen am Gespräch beteiligen.
- Führe das Gespräch. Das heißt, versuche immer wieder das Gespräch in die Richtung zu lenken, in der du es haben willst. Wichtig ist es, den Gesprächspartner dabei anzuschauen und ihm gut zuzuhören.

Nimm dir von diesen fünf Grundregeln für ein gelungenes Gespräch gleich einmal eine vor, die du heute noch umsetzt. Mit welcher wirst du beginnen?

1.2 Wie gute Lernplanung gelingt

Wie steht es mit deiner Lernplanung? Bist du auch der Meinung wie viele Schüler, dass du alles im Kopf hast und dass du deshalb keinen Kalender benötigst? Wie sieht deine Zeitplanung bisher aus? Bist du noch nie vor einer Klassenarbeit nervös geworden, weil du zu spät mit dem Lernen begonnen hast? Mit der Klassenarbeit kann es dir gehen wie vor Weihnachten: Hast du noch nie kurz davor beinahe Panik bekommen, weil dir immer noch kein geeignetes Geschenk eingefallen ist? Eine kleine Zwischenbilanz kann dir weiterhelfen.

Wie sieht meine Lernplanung aus?		
Kreuze jeweils die zutreffende Antwort an:		
	ja	**nein**
Benutzt du einen Planungskalender?	☐	☐
Trägst du Folgendes ein?	**ja**	**nein**
Klassenarbeiten	☐	☐
Arzttermine	☐	☐
Gruppenstunden	☐	☐
Musikstunden	☐	☐
Sportstunden	☐	☐
Geburtstagsfeiern	☐	☐
andere Termine	☐	☐

Vielleicht machst du einiges davon schon richtig und kommst trotzdem immer wieder in Stress. Dann kann das daran liegen, dass du den falschen Kalender benutzt. Ein Kalender, bei dem man immer nur eine Woche auf einer Seite sieht, eignet sich nicht gut zur weitsichtigen Planung. Du siehst dann nicht auf einen Blick, was in nächster Zeit auf dich zukommt. Meiner Erfahrung nach ist ein Halbjahreskalender in der Größe DIN-A3 zur Grobplanung am geeignetsten.

So hast du den besten Überblick:

- Klebe einen Halbjahreskalender mit wieder ablösbaren Klebestreifen an deinen Schrank oder deine Türe.
- Trage darauf alle Klassenarbeiten deutlich sichtbar mit *roter* Farbe ein.
- Alle weiteren wichtigen festen Termine, wie zum Beispiel Sportverein, Musikstunde oder Geburtstagspartys, werden in *Schwarz* eingetragen.
- Streiche die Tage durch, an denen du nicht lernen kannst. Das können Tage mit Arztterminen, Wochenendfahrten, Sport- oder Musikereignissen etc. sein.
- Beginne spätestens eine Woche vor der Klassenarbeit, speziell auf dieses Fach zu lernen.

Merke:

Wenn es ein besonders wichtiges Fach ist, solltest du jeden Tag mindestens ein bis zwei Stunden zusätzlich zu deinen Hausaufgaben auf diese Klassenarbeit lernen. Je früher du damit anfängst, umso weniger Zeit musst du täglich dafür aufwenden. Ein weiterer Vorteil beim frühen Anfangen ist, dass du noch genügend Zeit und Gelegenheit hast, Klassenkameraden oder Lehrer zu fragen, falls du etwas noch nicht ganz verstanden hast.

Beispiel: Lukas lernt zu viel auf einmal

Lukas ist nicht faul. Für die letzte Mathematikarbeit hat er fleißig gelernt. Als er sie herausbekommt, kann er es nicht fassen, es steht die Note 5 darunter. Tränen steigen in ihm hoch. Nach der Stunde, als alle anderen das Klassenzimmer verlassen haben, kommt er zu mir nach vorne und erzählt: „Ich habe auf diese Klassenarbeit so viel gelernt wie noch nie. Acht Stunden lang.“ Ich frage ihn: „Wann genau hast du diese acht Stunden gelernt?“ Er antwortet: „Am Tag vor der Klassenarbeit.“ Meine Antwort: „Lukas, dann ist das vielleicht der Grund, warum du nicht zeigen konntest, was du kannst. Hättest du vier Tage lang jeden Tag zwei Stunden gelernt oder acht Tage lang jeden Tag eine Stunde, dann wäre die Arbeit wahrscheinlich besser ausgefallen. Dein Gehirn ist nicht unbegrenzt aufnahmefähig. Das möchte ich dir mit einem Vergleich klar machen.

Stell dir einen trockenen Schwamm vor. Du gießt Wasser darauf. Der Schwamm saugt das Wasser auf. Wenn der Schwamm voll ist, dann kann er kein neues Wasser mehr aufnehmen, egal wie viel du noch darauf gießt. Mit deinem Gehirn ist es genauso. Nach einer gewissen begrenzten Zeit ist es nicht mehr aufnahmefähig. Du hast dich vor der Arbeit überlernt, dein Gehirn war überfordert. Du machst dir dann nur selbst etwas vor, wenn du so viel auf einmal lernst. Das Schlimme am Überlernen ist, dass viele Schüler dabei in eine Panik geraten. Sie bekommen so heftige Angst, dass sie total blockieren. Plötzlich haben sie den Eindruck gar nichts mehr zu wissen." Lukas bestätigt mir genau das. „Genauso war es bei mir am Abend vor der Klassenarbeit. Ich wusste plötzlich nichts mehr, aber ich durfte das nicht zugeben, sonst hätten meine Eltern mich noch zusätzlich fertig gemacht. Sie sagen immer, dass ich zu wenig lerne. Dieses Mal wollte ich es besser machen und jetzt ging es wieder schief."

Ich mache ihm einen Vorschlag: „Wenn du möchtest, stelle ich vor der nächsten Klassenarbeit mit dir zusammen einen Lernplan auf, damit du deine Zeit besser einteilst." Lukas willigt ein. Er fängt zehn Tage vor der Klassenarbeit an und übt jeden Tag 90 Minuten lang zusätzliche Aufgaben. Schon bei der nächsten Klassenarbeit schreibt er eine Drei. Ganz ohne Nachhilfe. Darauf ist er stolz. Er hat aus seinem Fehler gelernt und weiß nun aus seiner neuen Erfahrung, dass er, wenn er die Zeit richtig einteilt, effektiver lernt. Nun macht ihm die Schule wieder Spaß.

1.3 Lesefähigkeit verbessern

Lesen ist die elementare Fähigkeit bei der Informationsbeschaffung. Auch in unserer bilderüberfluteten Zeit kommst du ohne Lesen nicht weit. Das Buch, das vor dir liegt, kann dir nur weiterhelfen, wenn du es lesen kannst. Auch wenn du mit dem Computer arbeitest oder dir im Internet Informationen besorgst, brauchst du die Grundfertigkeit Lesen. Leider ergeben Lehrer- und Schülerbefragungen und auch die bekannte PISA-Studie, dass es bei zahlreichen Schülern bei dieser wichtigen Fähigkeit hapert.

Lesekompetenz: In welchem Bereich hast du Schwierigkeiten?

Kreuze an, wo du Schwierigkeiten hast:

	ja	**nein**
Lesen von Texten	☐	☐
Verstehen von Texten	☐	☐
Herausfinden von bestimmten Stellen	☐	☐
Behalten des Gelesenen	☐	☐

	ja	nein
Ordnen von Texten	☐	☐
Suchen im Lexikon	☐	☐
Suchen in der Bibliothek	☐	☐
Suchen im Internet	☐	☐
Zusammenfassen eines Textes	☐	☐
Gliedern eines Textes	☐	☐
Nacherzählen von Texten	☐	☐
Schnelles Lesen	☐	☐
Lautes Lesen	☐	☐
Lesen von Fahrplänen	☐	☐
Ausfüllen von Lückentexten	☐	☐

Nach dem ehrlichen Ankreuzen bei der obigen Selbstbefragung hast du nun einen besseren Überblick über deine eigene Lesekompetenz. Je mehr Kreuzchen du in der linken Spalte gemacht hast, umso wichtiger ist für dich das folgende Kapitel. Alle deine Schwachstellen kannst du durch geeignete Übungen verbessern. Vielleicht ist dir nun auch klar geworden, wieso du immer wieder keine Lust auf Lernen hast. Es kann dir ja einfach keinen Spaß machen, für ein Schulfach etwas zu tun, wenn dir dazu schon die grundlegende Fähigkeit fehlt.

Menschen lesen aus verschiedenen Motiven:

- *Zur Information.* Man liest Zeitungen, Zeitschriften, Fachbücher, Berichte über Ergebnisse aus Wissenschaft und Technik, um sich möglichst viel Wissen anzueignen.
- *Zur Entspannung.* Man liest Kriminalromane, Abenteuerromane oder sonstige Romane, um sich abzulenken und sich in andere Welt entführen zu lassen. Manchmal dient es der Flucht aus der Realität.
- *Zum Kennenlernen von Literatur.* Große sprachliche Kunstwerke gehören zum Kulturgut der Menschen. Der Deutschunterricht in der Schule beschäftigt sich mit Meisterwerken der Literatur, also sprachlichen Kunstwerken, die der Bevölkerung bekannt sein sollten.

Rationelles, das heißt zügiges, zeitsparendes Lesen, kann man mit verschiedenen Methoden (Schmitz, 2013) einüben. Du kannst deine Lesegeschwindigkeit erhöhen und damit viel Zeit beim Lernen sparen.

Außerdem verstehst du dann den Inhalt besser. Wenn du Texte erarbeiten, ein Referat schreiben oder für eine Prüfung lernen musst, eignet sich dazu die Fünf-Stufen-Methode.

1.3.1 Die Fünf-Stufen-Methode oder ÜFLFÜ-Methode

Hier die genaue Beschreibung der einzelnen Stufen:

1. *Überfliegen.* Vor dem gründlichen Lesen überfliegst du den Text, um die Gliederung und den Aufbau des Textes zu erfassen. Inhaltsverzeichnis, Teilübersichten, Titel, Untertitel, Zusammenfassungen und Hervorhebungen schaust du nur kurz an und verschaffst dir dabei einen Gesamtüberblick.
2. *Fragen.* Durch das Überfliegen hast du erste Informationen gewonnen. Nun stellst du aktiv Fragen an den Text. Was willst du über das Thema wissen? Was interessiert dich am Autor? Du kannst aber auch nach der Erklärung von unbekannten Begriffen oder Fachausdrücken fragen. Ebenso kannst du dich fragen, welcher Inhalt wohl auf einen bestimmten Untertitel folgt usw. Die Fragen sollen deine Neugierde auf den Text wecken.
3. *Lesen.* Nun folgt das eigentliche gründliche Lesen, das nach obiger Vorbereitung intensiver und konzentrierter ausfallen wird, besonders, wenn du auf die Beantwortung der vorher gestellten Fragen achtest. Sätze, die für dich besonders interessant sind, solltest du langsamer und aufmerksamer lesen als die anderen.
4. *Festhalten.* Nach jedem gelesenen Abschnitt machst du jetzt im Kopf eine kurze Zusammenfassung des gerade gelesenen Textes. Dabei kannst du auch Textstellen markieren oder herausschreiben.
5. *Überprüfen.* Zum Schluss erstellst du im Kopf die Zusammenfassung des gesamten Textes. Dabei solltest du dir die Zusammenhänge zwischen den einzelnen Abschnitten klar machen.

Die Fünf-Stufen-Methode im Überblick
1. Ü: den Text überfliegen 2. F: Fragen erstellen 3. L: den Text intensiv lesen 4. F: Abschnitte festhalten 5. Ü: Zusammenfassung überprüfen

Im Deutschunterricht wird diese Methode in der Regel vorgestellt und empfohlen. Du kannst sie aber auch in den anderen Fächern anwenden. Die Fünf-Stufen-Methode ist für deine „Lese-Hausaufgabe“ genauso geeignet wie für das Lesen eines ganzen Buches.

1.3.2 Ein Referat vorbereiten und halten

Ein Referat ist eine gute Gelegenheit, seine Note aufzubessern. Du kannst deinen Lehrer sogar darum bitten, ob du ein Referat halten darfst. Vielleicht hattest du in einer Klassenarbeit einen „Ausrutscher“ und möchtest jetzt beweisen, dass du es besser kannst. Vielleicht bekommt auch jeder in deiner Klasse ein Referat aufgebrummt. Möglicherweise darfst du dir dein Thema frei wählen oder es wird dir genau vorgegeben.

Kläre auf jeden Fall zu Beginn folgende Fragen:

- Welchen Anteil hat die Referatnote an der Zeugnisnote?
- Wie lange soll das Referat dauern und wie wichtig ist dem Lehrer die Einhaltung der Zeitvorgabe?
- Wie wichtig ist dem Lehrer eine Visualisierung des Themas? Bevorzugt er eine PowerPoint-Präsentation, Overheadfolien, Tafelanschrieb, Plakate?
- Wird eine Tischvorlage verlangt? Wie groß soll sie sein? Was soll sie enthalten? Kannst du eine gute Tischvorlage von einem früheren Referat bekommen?
- Musst du eine schriftliche Ausarbeitung des Referats abgeben? Wie sehr geht diese in die Notenfindung ein?

Die Antworten fallen je nach Lehrer und Fach gänzlich verschieden aus. Je besser du dich nach den Vorgaben richtest, desto eher bekommst du für dein Referat eine gute Note.

Sobald du Themenbereich und Termin hast, solltest du mit der Vorbereitung beginnen, damit du nicht am Schluss in Stress gerätst. Falls du das Thema selbst eingrenzen darfst, suche dir einen Teilbereich, der dich selbst stark interessiert und begeistert! Frage unbedingt deinen Lehrer, ob er mit deinem Vorschlag einverstanden ist.

Deine Arbeit beginnt mit Recherchieren, Sammeln und Lesen. Schaue in der Schulbibliothek, in der Stadtbibliothek und im Internet nach Büchern,

Zeitschriften und Artikeln zu deinem Thema. Suche auf diese Art viele Quellen. Notiere dir schon nebenbei auf Zetteln, was dir zum Thema einfällt und was du aus deinem Material unbedingt verwenden möchtest.

Nun folgt das Strukturieren. Am besten gliederst du dein Thema in drei bis fünf Teilbereiche. Dabei kannst du dich zum Beispiel an der Gliederung eines Fachbuchs zu deinem Thema orientieren. Idealerweise schreibst du dir zu jedem Unterpunkt den Text genauso auf ein DIN-A4-Blatt, wie du ihn später gerne vortragen möchtest. Dann markierst du dir die wichtigsten Stichwörter mit einem Textmarker und notierst dir zu jedem Unterpunkt auf einer Karteikarte oder einem Blatt in Postkartengröße, also in DIN-A6, kurze Sätze mit diesen Stichwörtern.

Benutze keine Wörter, die du nicht verstehst. Es könnte sonst zu der peinlichen Situation kommen, dass du genau danach gefragt wirst und keine Antwort geben kannst. Sprich in deiner normalen Alltagssprache. Das kommt authentisch rüber, gibt dir Sicherheit und bringt dir Sympathiepunkte.

Schenke deinem Einstieg besondere Beachtung. Beginne mit einer Überraschung, mit etwas Außergewöhnlichem, etwas sehr Aktuellem oder sehr Altem. Je nach Thema kann das lustig, traurig oder sensationell sein. Das weckt Aufmerksamkeit und du hast die Zuhörer auf deiner Seite.

Genauso wichtig ist das Ende, weil es besonders deutlich in der Erinnerung bleibt. Dafür eignet sich ein kurzer Rückblick, eine gute Zusammenfassung, ein Zitat, ein passender Witz, eine kleine Demonstration des Gesagten, ein kurzes Quiz oder ein Ankreuz-Test zum Thema oder eine sonstige Überraschung. Achte darauf, dass das Ende deines Referats auch als solches erkannt wird. Kündige es deutlich an und gehe mit deiner Stimme runter.

Nach all den Vorbereitungen solltest du dein Referat einmal mit Timer und Präsentation ganz für dich allein laut vorsprechen. Eine sehr gute Vorbereitung ist auch eine Videoaufnahme. Es ist vielleicht eine große Überwindung für dich, aber sie ist wirklich empfehlenswert und hilfreich. Du kannst sie ja wieder löschen, bevor ein anderer sie sieht! Wenn du irgendwo ins Stocken gerätst, kannst du in deiner Ausarbeitung nachschauen und auf deiner Karte Ergänzungen einfügen.

Jetzt kommt die Generalprobe. Sie sollte ein bis zwei Tage vor deinem Referatstermin in der Schule stattfinden. Suche dir eine Person deines Vertrauens, das kann ein Mitschüler oder ein Erwachsener sein. Bitte die Person, dir eine ehrliche Rückmeldung zu geben, damit du eventuell auch noch etwas verbessern kannst.

Nach dieser gründlichen Vorarbeit bist du bestens vorbereitet und kannst dem Termin relaxt entgegensehen!

1.4 Die Heftführung optimieren

Dein Heft ist eine persönliche Dokumentation deiner Lernarbeit. Es ist einerseits ein Hilfsmittel für dein Lernen, zugleich aber auch ein Spiegelbild deiner Lernhaltung. Für die Vorbereitung auf eine Klassenarbeit ist das Lernen aus dem Heft meistens unerlässlich. Darin ist aufgeschrieben, was ihr im Unterricht gelernt und geübt habt. Es zeigt auch, welche Schwerpunkte der Lehrer setzt. Der Lehrer bestimmt, was aus der Fülle des Stoffes für die Klassenarbeit ausgewählt wird. Oft macht er sogar während des Unterrichts Bemerkungen darüber, was er in der Klassenarbeit abfragen will bzw. was unwichtig ist und nicht dran kommt. Wie reagierst du auf solch eine Bemerkung? Meistens notieren sich die guten Schüler blitzschnell eine Bemerkung in ihr Heft, die anderen reagieren überhaupt nicht. Sie sind oft einfach zu bequem dazu oder sie erkennen nicht, wie sehr ihnen ein kleines Symbol in ihrem Heft bei der Vorbereitung auf die Klassenarbeit nützen könnte.

Tipp:

Folgende Zeichen in deinem Heft können dir zu einem wirkungsvolleren Lernen verhelfen:

✓ Dieses Häkchen gehört unbedingt hinter jede kontrollierte und richtig gemachte Aufgabe.

f Dieses Zeichen gehört hinter jede kontrollierte und falsch gemachte Aufgabe. Am besten fügst du noch die richtige Lösung hinzu. Lass aber deine falsche Lösung sichtbar, damit du dir noch einmal Gedanken darüber machen kannst.

⬆ Diesen Sachverhalt hast du verstanden.

↓	Das ging dir zu schnell, darüber musst du nochmals nachdenken.
?	Hier hast du noch eine Frage.
!	Das ist wichtig. Das hat der Lehrer betont.
KA	Das kann in der Klassenarbeit dran kommen. Das war ein Hinweis des Lehrers.
~~KA~~	Das wird nicht abgefragt. Das war ein Hinweis des Lehrers.

Für ein Heft, mit dem du wirklich lernen kannst, gibt es ein paar wichtige Grundregeln. Gewöhne sie dir jetzt an, dann hast du eine gute Voraussetzung für dein späteres Lernen.

Strukturiere dein Heft übersichtlich. Beginne mit dem Datum auf dem Rand. Beginne die Hausaufgabe mit der Überschrift „Hausaufgabe" und setze je nach Fach darunter die Seite und die Nummer aus dem Buch bzw. Aufgabenstellung, Thema etc.

Nimm die Besprechung der Hausaufgabe im Unterricht ernst. Das wird dir helfen, wenn du dich Wochen später auf eine Klassenarbeit vorbereitest. Du kannst dann auf einen Blick erkennen, was du alles richtig hattest und jetzt nicht mehr gründlich üben musst. Da genügt eine kurze Wiederholung. Bei Fehlern und deren Verbesserungen ist es anders. Damit solltest du dich gründlich beschäftigen, sonst machst du im Test genau die gleichen Fehler wieder. Also mache dir die kleine Mühe und schreibe richtig (r) oder falsch (f) hinter deine Lösung und notiere dazu die verbesserte Antwort. Beginne mit der Überschrift und unterstreiche diese. Mache Skizzen und Zeichnungen groß genug, sodass du Beschriftungen deutlich anbringen kannst. Bei zu kleinen Zeichnungen ist oft die Bedeutung der Zeichnung nicht zu erkennen.

Sollte der Lehrer für deine Schreibgeschwindigkeit zu schnell diktieren, kannst du dir mit Anfangsbuchstaben behelfen. Schreibe einfach die Anfangsbuchstaben der Wörter mit, lasse hinter jedem Anfangsbuchstaben genügend Platz für das Einfügen des ganzen Wortes und fülle die Lücken so rasch wie möglich aus. Regeln und Merksätze kannst du farbig schreiben, markieren oder umrahmen. So wie es dir am besten gefällt. Hauptsache, du kannst sie schnell wiederfinden.

Wenn du während des Unterrichts irgendwo nicht ganz mitkommst, dich aber nicht zu fragen traust, dann schreibe unbedingt ein Fragezeichen (?) auf den Rand. So findest du ganz schnell die unklare Stelle und kannst später einen Mitschüler oder einen Lehrer über diesen Sachverhalt befragen. Besonders wichtig sind diese Hinweise natürlich für die Vorbereitung auf eine Klassenarbeit.

Gute Heftführung in Kürze

- Beginne mit dem Unterrichtsdatum auf dem Rand.
- Hebe die Überschrift deutlich hervor.
- Unterstreiche Überschriften und Wichtiges.
- Kennzeichne Regeln und Merksätze farbig.
- Erstelle Zeichnungen und Skizzen sorgfältig und groß genug.
- Sei mit dem Platz um Zeichnungen herum großzügig.
- Wenn du beim Diktat oder bei Beschriftungen nicht mitkommst, notiere dir wenigstens die Anfangsbuchstaben – fertig schreiben kannst du später.
- Klebe ausgeteilte Arbeitsblätter stets in dein Heft ein.
- Kennzeichne Wichtiges auf dem Rand mit einem Ausrufezeichen!
- Lasse einen Rand für weitere Zeichen und Notizen frei.

Für eine gute Heftführung sollte dein Mäppchen folgende Dinge enthalten: Füller, Bleistift, Radiergummi, Farben, Textmarker, Geodreieck, Schere und Klebestift.

1.5 Hausaufgaben

Sind Hausaufgaben das Schlimmste, was die Schule von dir verlangt? Denkst du auch, ohne Hausaufgaben wäre die Schule ganz okay? Du triffst dort deine Klassenkameraden oder Kumpels, du hörst viele Neuigkeiten und der Unterricht ist manchmal ganz interessant. Wahrscheinlich hast du Lieblingsfächer, auf die du dich freust. Manche Schüler sehnen sich sogar am Ende der großen Ferien nach der Schule, weil es ihnen zu Hause allmählich zu langweilig geworden ist. In vielen Wohngegenden wohnen oft keine Gleichaltrigen. Man muss dann weit fah-

ren, um andere zu treffen. Wenn da nicht die leidigen Hausaufgaben wären. Es kostet doch eine enorme Überwindung am Nachmittag, am Abend oder am Wochenende zu Hause zu lernen. Überall warten Ablenkungen. Da ist das Handy, der Fernseher, der PC, die Stereoanlage und der Kühlschrank, lauter Dinge, die mehr Freude versprechen und weniger Mühe kosten als die lästigen Hausaufgaben. Wenn dann auch noch keine Kontrolle da ist, weil man ganz allein in der Wohnung ist, dann ist es doppelt schwer, mit den Hausaufgaben zu beginnen.

Um herauszufinden, was deine persönlichen Schwierigkeiten mit den Hausaufgaben sind, beantwortest du am besten folgende Fragen.

Checkliste		
	ja	**nein**
Führst du einen Hausaufgabenplaner?	☐	☐
Ist dein Schreibtisch aufgeräumt?	☐	☐

	ja	nein
Brauchst du manchmal lange, bis du endlich anfängst?	☐	☐
Hast du feste Hausaufgabenzeiten?	☐	☐
Schreibst du Hausaufgaben oft von Mitschülern ab?	☐	☐
Planst du die Reihenfolge der Hausaufgaben?	☐	☐
Machst du zwischendurch eine Pause?	☐	☐
Lässt du dich leicht beim Lernen ablenken?	☐	☐
Wechselst du zwischen mündlichen und schriftlichen Aufgaben ab?	☐	☐
Planst du Zeit für das Lernen auf Klassenarbeiten ein?	☐	☐
Wendest du Gedächtnistechniken an?	☐	☐
Gibst du schnell auf, wenn du etwas nicht sofort kannst?	☐	☐

Beim Durchlesen deiner Checkliste fällt dir sicherlich selbst auf, wo deine Probleme liegen. Wir gehen nun Punkt für Punkt die Liste durch. Alle Dinge, die du schon richtig machst, kannst du schnell überspringen.

Der Hausaufgabenplaner

Der Hausaufgabenplaner ist ein Hausaufgabenheft, das es in der Schreibwarenhandlung zu kaufen gibt. Die Planungsarbeit wird dadurch besonders einfach. Du kannst es als dein persönliches Auftragsbuch sehen, vergleichbar mit einem Terminkalender bei einem Manager. Es erinnert dich jeden Nachmittag daran, was du zu tun hast. In höheren Klassen bekommst du mehr Hausaufgaben auf, da verlierst du schnell den Überblick. Je früher du dir das Hausaufgabenheft zur Gewohnheit machst, umso weniger Probleme hast du auch später. Besonders wenn Aufgaben über einen längeren Zeitraum hinweg aufgegeben werden, hilft dir dieses Heft, den Überblick zu behalten. Falls du öfter mal Organisationsprobleme hast und bei deinem Lernen schnell unter Stress gerätst, sind die folgenden Tipps für dich hilfreich und sie kosten keine zusätzliche Zeit. Lege einfach für bestimmte Aufgaben Farben fest, mit denen du diese Eintragungen dann immer vornimmst. Hier ist ein Vorschlag, den du aber nach eigenem Geschmack abwandeln kannst:

rot	Aufgaben von heute auf morgen, die heute erledigt werden müssen, und Aufgaben für Klassenarbeiten. Diese Aufgaben haben Vorrang vor allen anderen.
blau	Aufgaben, für die du einige Tage Zeit hast. Diese musst du nicht unbedingt heute erledigen.
orange	Mündliche Aufgaben, die dir sowieso leicht fallen und die du gerne machst. Diese Aufgaben kannst du bei deiner Aufgabeneinteilung immer wieder zwischendurch erledigen. Dennoch sind sie sehr wichtig.
schwarz	Aufgaben, für die du länger Zeit hast, z. B. ein Referat oder eine Projektarbeit.
grün	Arbeiten, bei denen du nur etwas zeichnen musst. Diese Aufgaben sind für dich entspannend. Du kannst sie zwischen anstrengenderen Aufgaben erledigen.

Wenn du eine Aufgabe erledigt hast, streichst du diese Aufgabe in deinem Hausaufgabenplaner durch. Du kannst zu deiner eigenen Belohnung noch einen Smiley ☺ hinzufügen.

Dein Schreibtisch

Ein aufgeräumter Schreibtisch lädt mehr zum Lernen ein als ein unordentlicher, bei dem man kaum ein Plätzchen zum Schreiben findet. Du bist einfach nicht so sehr abgelenkt durch alles, was auf diesem Schreibtisch liegt. Schon der Anfang des Lernens wird erschwert, weil du vielleicht lieber ein Heftchen durchblätterst oder dich gleich an den Computer setzt. Aber auch zwischendurch kommst du nicht so schnell voran, weil du vielleicht wieder ein Wörterbuch suchen musst oder dein Geodreieck nicht mehr findest. Deinen Schreibtisch hast du ganz schnell aufgeräumt, wenn du das regelmäßig tust und wenn du dir nur fünf Minuten Zeit vorgibst, in der du deinen Arbeitsplatz frei gemacht haben musst.

Langer Anlauf bis zum Lernbeginn

Manche Schüler haben jeden Tag einen langen Anlauf, bis sie endlich mit ihren Hausaufgaben beginnen. Jeden Tag haben sie dabei ein schlechtes Gewissen. Sie möchten ja zu Hause sofort beginnen, aber das gelingt einfach nie. Könnte es sein, dass du nach der Schule einfach zu müde und kaputt bist, um sofort anfangen zu können? Brauchst du eine längere Entspannungsphase, bis du endlich wieder leistungsfähig bist? Oder hast du nur einfach keine Lust zum Lernen und bist für jede Ablenkung dankbar? Zuerst setzt du dich an den Laptop, dann chattest du und dann bietet der Fernseher auch noch eine schöne Abwechslung. Du hast bei den Fragen schon gemerkt, dass es bei den „Spätarbeitern" zwei Typen gibt:

- Typ I ist der vom anstrengenden Vormittag ausgepowerte, nachmittags müde Typ.
- Typ II ist der coole, bequeme Typ.

Falls du zum ersten gehörst, kannst du dein schlechtes Gewissen einfach aufgeben und deinem Typ entsprechend spät anfangen. Für dich gibt es keinen Grund zur Sorge. Du machst deine Aufgaben gut und gründlich, du brauchst einfach nur deine Entspannungsphase. Du kannst dir sogar in der Zeit bis zum Lernbeginn etwas Schönes gönnen: mit anderen spielen, lesen oder etwas unternehmen. Du musst eben danach pünktlich wieder zu Hause sein und dann wie üblich deine Aufgaben konzentriert machen. Sicherlich kannst du mit diesem Lernverhalten auch deine Eltern überzeugen, dass du gut und gewissenhaft lernst.

Falls du dich zum Typ II zählst, dann empfehle ich dir, sofort nach einer kurzen Pause mit den Aufgaben zu beginnen. Das tut dir wirklich besser und steigert deinen Lernerfolg. Du wirst auch da nicht zu lange brauchen, aber du hast sie gemacht und bist zufrieden mit dir.

Feste Hausaufgabenzeit

Es ist für die Struktur deiner Lernzeit und deiner Freizeit von Vorteil, wenn du feste Hausaufgabenzeiten einhalten kannst. In dieser Zeit soll dich niemand stören, auch nicht am Telefon. Du kannst dir diese Zeit einrichten wie eine Bürozeit in einer Firma. Schreibe ein Plakat für deine Zimmertür. Es könnte etwa so aussehen:

Bitte nicht stören! Ich lerne von 16.00 Uhr bis 17.30 Uhr

Mit diesem Plakat motivierst du dich selbst zum Lernen. Du hast nun eine störungsfreie Zeit zum Lernen, dadurch mehr Ruhe für dich und kannst diese Zeit ganz allein für dich einteilen. Manchmal hast du vielleicht erst später Zeit, einen Arzttermin, eine Musikstunde oder ein Training. Für diesen Tag kannst du das Plakat ja variieren. Nun ersetzt du die Lernzeiten angepasst auf diesen Tag. Wenn deine Umgebung feststellt, dass du dich selbst an diese Zeiten hältst, wird sie dich auch für diese Zeitspanne in Ruhe lassen.

Von Mitschülern abschreiben

Eine Unsitte, die leider von vielen Schülern praktiziert wird, ist das Abschreiben von Hausaufgaben. Auch da gibt es große Unterschiede. Wenn es einmal ausnahmsweise passiert, weil du wirklich keine Zeit hattest oder sie tatsächlich vergessen hast, ist das kein Problem. Schlimmer wird die Sache, wenn du dich allmählich so sehr ans Abschreiben gewöhnt hast, dass das für dich die reine Normalität geworden ist. Mit großer Wahrscheinlichkeit fallen parallel dazu deine Noten in den Keller. Vielleicht ist dir selbst noch gar nicht aufgefallen, dass deine schlechten Noten mit den nicht gemachten Hausaufgaben zusammenhängen. Hausaufgaben dienen nämlich tatsächlich der *Einübung von Lernstoff* und dem Überprüfen deines Verständnisses. Beides fehlt dir, wenn du sie nicht machst. Schüler können sich oft gar nicht vorstellen, wie wichtig die Übung ist. Sie glauben, es reicht, wenn sie die Aufgaben verstanden haben und nachvollziehen können. Spätestens in der Klassenarbeit fällt ihnen dann auf, dass sie die Aufgabe nicht selbst lösen können. Ein anderer Effekt der Hausaufgaben ist das Überprüfen des Verständnisses. Erst beim Selbermachen fällt dir auf, an welcher bestimmten Stelle du nicht weiterkommst. Im Unterricht oder beim Arbeiten mit anderen zusammen hilft dir immer jemand weiter. Du bleibst nicht stecken. Allein vor deiner Aufgabe, da wird dir plötzlich klar, was du noch nicht ganz verstanden hast. Nun kannst du am nächsten Tag in der Schule nachfragen und bemerkst dein Nichtkönnen nicht erst in der Klassenarbeit.

Hausaufgabenplanung

Du hast verschiedene Fächer und demzufolge auch verschiedene Hausaufgaben. Da mischen sich Hauptfächer mit Nebenfächern und Mündliches mit Schriftlichem. Ein Trick, der dir beim Arbeiten sehr helfen kann, ist die sogenannte Feinplanung. Darunter versteht man die Planung, die du direkt vor dem Lernen vornimmst. Dazu brauchst du ein kleines Blatt Papier oder einen Terminkalender, der genügend Platz für deine Tagesplanung hat. Besonders geeignet ist dazu ein breiter Schreibtischkalender, bei dem du immer eine ganze Woche vor dir hast. Du schaust nun in deinem Hausaufgabenheft nach und vergleichst deine Eintragungen mit dem Stundenplan von morgen. So kannst du sicher sein, dass du auch nichts vergisst. Nun nimmst du eine Einteilung vor. Empfehlenswert ist es, mit dem zu beginnen, was du am wenigsten gerne machst. Danach machst du die zweitschwierige Aufgabe. Wenn du das geschafft hast, tritt erfahrungsgemäß eine große Erleichterung ein und der Rest geht dann ganz einfach. Du kannst in einer extra Spalte noch eine eigene Bewertung einfügen, mit der du ausdrückst, wie zufrieden du mit dir bist.

Dein Plan könnte wie in Abbildung 1 dargestellt aussehen.

Hinter der Reihenfolge des Beispiels steht folgende Überlegung: Du beginnst mit der Aufgabe, für die du die längste Zeit brauchst. Du weißt auch nicht genau, wie lange sie dauern wird, aber alles Weitere wird schneller gehen. Mathematik fällt dir nicht so leicht, du möchtest dieses Fach deshalb schnell weg haben, deswegen steht es an zweiter Stelle. Du weißt, wenn du diese beiden Fächer geschafft hast, ist die Hauptsache geschafft. Biologie ist dein Lieblingsfach, du belohnst dich nun selbst mit der Aufgabe, die du gerne machst. In Englisch musst du nicht viel schreiben, Vokabeln lernen fällt dir leicht. In Erdkunde hast du nur eine mündliche Aufgabe und der Text ist sogar interessanter als befürchtet.

Hausaufgabenplan			
Datum: 22.05.			
Fach/Tätigkeit	**geplante Zeit**	**benötigte Zeit**	**Bewertung**
Deutsch: Nacherzählung	30 Min	45 Min	☺
Mathematik: Seite 28, Nummer 5	15 Min	25 Min	😐
Biologie: Frage beantworten	10 Min	15 Min	☺
Englisch: Vokabeln lernen	15 Min	10 Min	☺
Erdkunde: Seite 75 durchlesen	10 Min	10 Min	☺
geplante Zeit (gesamt):	1 Stunde 20 Minuten		
benötigte Zeit (gesamt):	1 Stunde 45 Minuten		

Abbildung 1: Beispiel für einen ausgefüllten Hausaufgabenplan

Wenn du dir diese Art der Planung angewöhnst, wirst du schon nach kurzer Zeit merken, dass dir Hausaufgaben leichter fallen und du mehr Spaß am Lernen hast. Dir wird auffallen, wie wenig Zeit du eigentlich für das Lernen benötigst. Du lernst intensiver. Außerdem entwickelst du ein besseres Zeitgefühl. Das kommt dir auch bei Klassenarbeiten zugute. Mit dieser Lernhaltung kannst du jeden Tag heiter und unbelastet in die Schule gehen.

Es ist übrigens sehr realistisch, dass du dich, wie oben gezeigt, in deiner Zeitvorgabe täuschst. Gerade dieses schriftliche Festhalten deiner Planung und deiner tatsächlichen Lerndauer vermittelt dir ein immer besseres Zeitgefühl.

Versuche es doch gleich einmal selbst und benutze die Vorlage in Abbildung 2.

Hausaufgabenplan			
Datum: ____________			
Fach/Tätigkeit	**geplante Zeit**	**benötigte Zeit**	**Bewertung**
geplante Zeit (gesamt):			
benötigte Zeit (gesamt):			

Abbildung 2: Hausaufgabenplan

Lernpausen

Das Gehirn braucht zwar immer wieder Pausen und Entspannung. Es ist keine Maschine, die pausenlos arbeiten kann. Das Problem bei vielen Schülern ist allerdings, dass sie ihre Pausen viel weiter ausdehnen, als sie es selbst vorhatten. Vielleicht wolltest du nur fünf Minuten chillen, aber das Video war dann so spannend, dass du es bis zum Ende angeschaut hast. Oder du wolltest nur ganz kurz chatten, aber der Chat entwickelte sich so interessant, dass du einfach nicht aufhören konntest. Am Schluss waren es zwei Stunden. Du hast bestimmt selbst eine Menge Ideen, wie man Lernpausen verlängern kann. Deshalb hilft dir der Lernplan so genial. Wenn du ihn einhältst, brauchst du keine Pausen. Du hast die Planung so vorgenommen, dass du die Lernzeit ohne Pause durchhalten kannst. Du kannst ja mal dein Fenster öffnen und frische Luft reinlassen. Das müsste schon genügen, du bist dann auch früher fertig. Danach hast du wirklich Pause bis morgen! Darüber kannst du dich echt freuen.

Ablenkung beim Lernen

Ablenkungen gibt es genügend. Es ist gar nicht so einfach, sich nicht ablenken zu lassen. Dazu dient der oben beschriebene Lernplan, das ebenfalls beschriebene Plakat mit deiner Lernzeit an deiner Zimmertür und dein aufgeräumter Schreibtisch. Wenn die Ablenkung dein größtes Lernhindernis ist, kannst du dich auch noch auf eine weitere Art kontrollieren. Du machst in deinem Lernplan hinter jede geleistete Arbeit ein zusätzliches Smiley:

- Ein lachendes Gesicht: ☺ wenn du dich durch nichts hast ablenken lassen.
- Ein Pokerface: 😐 wenn du mit dir einigermaßen zufrieden bist.
- Ein mürrisches Gesicht: ☹ wenn du dich zu sehr hast ablenken lassen.

Mit diesem kleinen Trick kannst du dich selbst zusätzlich motivieren und freust dich über deine gut geleistete Arbeit. Wenn das noch nicht reicht, ist es sehr hilfreich, dein Lernverhalten von einer Person aus deiner Familie kontrollieren zu lassen. Dieser Person muss dein Schulerfolg am Herzen liegen. Diese Bitte kostet dich zwar Überwindung, hilft aber.

Mündliche Hausaufgaben

Gehörst du auch zu den Schülern, die mündliche Hausaufgaben nie machen, weil sie nicht so leicht kontrollierbar sind? Du machst also zuerst deine schriftlichen Aufgaben und dann bist du fertig. Pech, wenn du bei der Abfrage dran kommst. Dieses Risiko ist gering und du nimmst es auf dich. Das ist schade, denn die mündlichen Aufgaben kosten meistens nicht viel Zeit und helfen deinem Gedächtnis. Die Wiederholung hilft dir, das Wissen im Gedächtnis zu verankern. Besonders wichtig ist das bei den Sprachen. Deine Hausaufgaben dauern nur wenig länger, aber du lernst effektiver.

Für die Klassenarbeit lernen

Bei den vielen Hausaufgaben passiert es dir vielleicht immer wieder, dass du vergessen hast, zusätzlich noch für eine Klassenarbeit zu lernen, die vielleicht erst in ein bis zwei Wochen kommt. Damit dir das nicht passiert, trägst du den Stoff für Klassenarbeiten rot in dein Hausaufgabenheft ein. So kannst du jeden Tag noch extra 15 Minuten auf deinem Lernplan für die nächste Klassenarbeit einplanen. Du musst dabei einerseits nicht zu viel Zeit aufwenden, eine Viertelstunde ist schnell vorbei, andererseits gerätst du vor der Klassenarbeit nicht unter Stress. Außerdem kannst du deinen Lehrer über alle Unklarheiten noch rechtzeitig befragen.

Die Karteikarten-Methode

Zum Einprägen von Vokabeln hat sich die Karteikarten-Methode (Hofmann & Löhle, 2012) sehr bewährt. Viele Schüler verschwenden beim Vokabellernen zu viel Zeit damit, Wörter zu wiederholen, die sie schon können, und umgekehrt wenden sie zu wenig Zeit für die Vokabeln auf, die sie sich noch nicht eingeprägt haben. Beide Verhaltensfehler führen bei Wörterarbeiten zu Frust und Enttäuschung. Der Schüler weiß, dass er viel gelernt hat und versteht nicht, warum er eine schlechte Note

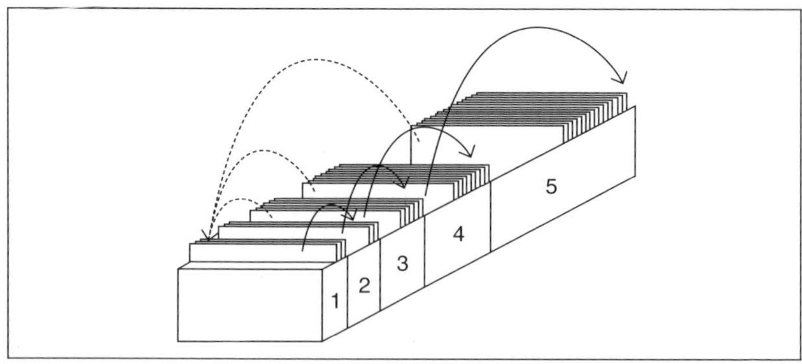

Abbildung 3: Karteikarten-Methode

bekommen hat. Oft schiebt er die Schuld dann auf seine Unkonzentriertheit, Angst vor dem Stress, Blackout, den Unterricht oder auf seine mangelnde Begabung. Tatsächlich hat er beim Lernen nur die beiden oben beschriebenen grundlegenden Fehler gemacht. Diese Fehler lassen sich durch die Karteikarten-Methode (vgl. Abbildung 3) wirksam vermeiden.

Lern-Karteikästen gibt es in den verschiedensten Größen zu kaufen. Du kannst auch sehr einfach selbst einen basteln und dir Karteikarten in der Größe DIN-A8 kaufen. Das Übungsprinzip ist immer gleich.

Kurzbeschreibung der Methode:

- *Schritt 1:* Jede Karteikarte wird auf der einen Seite mit der Vokabel und auf der Rückscite mit der deutschen Übersetzung beschriftet. Die frisch beschrifteten Kärtchen kommen in Fach 1.
- *Schritt 2:* Nun fragt man sich die Vokabeln ab. Die Vokabeln, die man gekonnt hat, dürfen in das zweite Fach wandern, die nicht gekonnten bleiben in Fach eins.
- *Schritt 3:* Am nächsten Tag fragt man sich zuerst die Vokabeln vom zweiten Fach ab. Vokabeln, die man gekonnt hat, dürfen in das dritte Fach wandern, die nicht gekonnten kommen wieder in das erste Fach. Nun greift man den Stapel aus dem ersten Fach heraus und verfährt wie in Schritt 2.
- *Schritt 4:* Ein Tag später fragt man sich zuerst die Vokabeln vom dritten Fach ab. Die gekonnten Vokabeln wandern in das vierte Fach, die nicht gekonnten kommen wieder in das erste Fach. Danach greift man sich den Stapel aus dem zweiten Fach heraus und verfährt wie in Schritt 3 usw.
- *Letzter Schritt:* Du greifst den Stapel aus dem letzten Fach heraus und fragst dich ab. Die gekonnten Vokabeln werden nun endgültig aus dem Karteikasten herausgenommen. Du kannst sie entweder in den Papierkorb werfen oder irgendwo aufbewahren, und wenn du Lust hast, kannst du sie ein Jahr später noch einmal abfragen. Du wirst staunen, wie viele Vokabeln du mit dieser Methode noch kannst. Durch das stetige Wiederholen haben sie sich dir fest eingeprägt.

Tipp:

Die Karteikasten-Methode eignet sich außer für das Vokabellernen auch für viele andere Fächer. Du kannst dir eine Frage auf die eine Seite und die Antwort auf die andere Seite schreiben. Abfragen und wiederholen geht wie zuvor beschrieben. Die Fragen aus Mathematik, Physik oder Chemie eignen sich genauso gut wie Fragen aus Biologie, Geschichte oder Geografie. Deiner Fantasie sind keine Grenzen gesetzt.

Nicht zu schnell aufgeben

Manchmal braucht man für eine Aufgabe zu Hause eine Stunde lang, bringt sie womöglich dennoch nicht heraus und im Unterricht hat der Lehrer die Lösung in fünf Minuten erklärt. Ganz klar, da kommt Frust auf. Innerlich schimpfst du: Da hätte ich mir die Zeit ja sparen können und hätte heute nur die fünf Minuten in der Schule aufpassen müssen. Das klingt ganz logisch. Manche Mitschüler von dir machen das auch bestimmt so. Trotzdem liegt ein Trugschluss hinter dieser Einstellung. Tatsächlich hat dir die intensive Beschäftigung mit dieser Aufgabe weitergeholfen. Du hast auch von der Erklärung mehr als jemand, der sich mit der Aufgabe nicht beschäftigt hat. Das kann man nicht direkt messen, aber in der nächsten Klassenarbeit wird es sich zeigen. Schüler, die sich intensiv mit dem Stoff beschäftigt haben, schreiben dann die besseren Noten. Allerdings musst du bei der Erklärung auch wirklich gut aufpassen und am Nachmittag nochmals versuchen, die Aufgabe allein herauszubekommen, sonst kann es dir passieren, dass du dich noch gut an deinen Lösungsversuch erinnerst, aber nicht mehr daran, wie die Lösung richtig geht.

1.6 Fremdsprachen lernen

In jeder Schule wird in Deutschland Englisch gelehrt und gelernt. Englisch ist auch im täglichen Leben allgegenwärtig und wird bei Bewerbungen als selbstverständlich voraus gesetzt. Das heißt, du kommst um das Erlernen einer Fremdsprache nicht herum. Es lohnt sich also, dir einmal Gedanken über deine Lernmethode zu machen. Aus vielen Lernberatungen weiß ich, wie häufig Schüler Schwierigkeiten beim Lernen einer Sprache haben. Das Schlimme dabei ist, dass sie oft zu viel oder falsch lernen. Mit einer effektiveren Methode könnten sie sich viele Stunden büffeln sparen und obendrein noch bessere Noten schreiben.

Die eigene Muttersprache zu lernen, geht in der Kindheit ganz einfach und mühelos. Ein Grund dafür ist natürlich, dass man von morgens bis abends von ihr berieselt wird und man sich zwangsläufig mit dieser Sprache vertraut macht. Man wird geradezu einer „Sprachdusche“ ausgesetzt. Die Menschen unterhalten sich in dieser Sprache, man hört sie in den Medien und drückt sich selbst darin aus.

Bei Ferienfahrten ins Ausland lernen Kinder die dortige Landessprache viel schneller als Erwachsene, weil sie unbefangener mit dieser Sprache umgehen. Sie spielen mit den einheimischen Kindern, gehen mit diesen einkaufen oder sehen Filme und Videos. Sie lassen die Sprache zuerst *passiv* auf sich wirken. Dieses *passive* Hören ist ein wichtiger erster Schritt zum Sprachenlernen. Ohne bewusstes Zutun prägt sich ein Klangbild ein. Satzbestandteile, die häufig wiederholt werden, finden ihren Weg mühelos ins Gedächtnis. Diesen entspannten Weg zum Sprachenlernen kannst du mit folgender Methode imitieren.

1.6.1 Mit DVDs und anderen Medien lernen

Guter, spannender Sprachunterricht kommt nicht ohne Medien aus. Die unten aufgeführten Gründe überzeugen dich sicher von dieser Methode. Moderne Fremdsprachen-Lehrbücher bieten begleitende CDs und DVDs an. Es gibt also keinen Grund mehr, auf diese angenehme und effektive Lernmethode zu verzichten.

Vorteile dieser Methode:

- *Die Texte passen genau zu deinem Sprachbuch.* Das ist sehr wichtig für deine Lernfortschritte. Du hast das nötige Vorwissen. Du kennst also die verwendeten Vokabeln schon und bist in der Lage, die Satzkonstruktionen zu verstehen.
- *CDs oder DVDs wiederholt abspielen.* Kein menschlicher Sprecher würde die Geduld aufbringen, dir einen Text so oft vorzulesen. Du

kannst ihn beliebig oft abhören, wenn du willst, solange bis du ihn auswendig kannst.

- *Die Aussprache der Sprecher ist hervorragend.* Es sind ausgewählte Native-Speaker, also Sprecher, die ihre Muttersprache sprechen. Diese Sprecher sprechen ein perfektes Englisch, Französisch oder Spanisch. Die CD oder DVD hilft dir also, deine Aussprache stetig zu verbessern.
- *Der Text klingt immer gleich.* Kein menschlicher Sprecher kann einen Text immer in der gleichen Geschwindigkeit und mit dem gleichen Tonfall sprechen. Für das Einprägen ist es aber sehr hilfreich, immer wieder genau das Gleiche zu hören.
- *Die CD oder DVD ist dir nicht böse, wenn du in Gedanken abschweifst.* Es ist ganz normal, wenn man sich nicht jede Minute konzentrieren kann. Das ist beim *passiven* Hören auch nicht schlimm, weil das Gehörte trotzdem in dein Unterbewusstsein geht. Niemand schimpft dich, weil du nicht aufpasst. Du kannst den Text ganz einfach noch einmal anhören.
- *CD oder DVD stoppen.* Wenn du den Text zum ersten Mal hörst, kommt dir die Sprechgeschwindigkeit wahrscheinlich zu schnell vor. Deshalb kann es hilfreich für dich sein, nach jedem Satz zu stoppen und den Satz auf dich wirken zu lassen.
- *Den Text halblaut mitsprechen.* Das ist eine sehr gute Methode, um eine gute Aussprache zu bekommen und sich ganze Sätze zu merken. So wird aus dem *passiven* ein *aktives* Hören. Du zwingst dich dadurch auch zu einer besseren Konzentration.
- *Freizeit nutzen.* Du kannst die DVD oder CD im Bus, im Auto, in der Bahn oder sogar im Wartezimmer und bei vielen anderen Gelegenheiten abhören. Je mehr du Englisch hörst, umso mehr simulierst du einen England-Aufenthalt!
- *Eine Lektion im Voraus lernen.* Durch dieses Lernen im Voraus verstehst du den Unterricht besser. Du kannst dich mündlich mehr beteiligen. Du traust dich eher, Fragen zu stellen und erzielst ungeahnte Erfolgserlebnisse. Der Stoff „sitzt“ einfach besser.
- *Sprachen lernen durch Imitation.* Wenn du die Sprecher deiner DVD oder CD imitierst, hast du die Gewissheit, dass du ein gutes Vorbild hast. Deine Mitschüler, die im Unterricht sprechen, können meistens noch nicht gut sprechen, sollten von dir also besser nicht imitiert werden.

- *Verschiedene Personen sprechen.* Du bist beim Lernen und Imitieren nicht auf einen einzigen Lehrer angewiesen. Durch mehrere Sprecher wird der Text interessanter und deine Vorbilder sind vielfältiger. Dein Sprachgefühl verbessert sich.
- *Gute Gefühle stärken deine Motivation.* Bei lustigen oder spannenden Spielszenen macht das Zuhören sogar richtig Spaß. Es gibt ein gutes Gefühl, wenn man die fremde Sprache versteht. Beim Zuhören wirst du nicht kritisiert. Du fasst Zutrauen zu deiner Fähigkeit, die Sprache zu lernen.

Wenn du noch mehr für deine Sprachkenntnisse, z. B. in Englisch, Französisch, Spanisch, Italienisch, Russisch oder einer anderen Sprache verbessern möchtest, gibt es noch eine Menge weiterer Möglichkeiten. Hier folgt eine Auswahl davon:

- Film in der gewünschten Sprache im Kino anschauen.
- Filmvorführung und Diskussion in der Schule organisieren.
- Video in der gewünschten Sprache kaufen oder ausleihen.
- Sendungen in der gewünschten Sprache im Fernsehen anschauen.
- Sendungen in der gewünschten Sprache im Radio anhören.
- Eine Zeitschrift in der gewünschten Sprache kaufen und lesen. Frage in deiner Bibliothek danach (zum Beispiel: Spotlight, écoute, ECOS, ADESSO).
- Einen Kurs in der gewünschten Sprache an der Volkshochschule belegen.
- Einer Konversationsgruppe in der gewünschten Sprache beitreten.
- Sprachferien im entsprechenden Ausland machen.
- Im Internet gibt es jede Menge sehr gute Sprachlern-Tools. Frage deinen Lehrer oder deine Mitschüler danach. Aber Achtung: Die Gefahr ist riesig, dass du nicht lernst, sondern chattest oder andere Seiten anschaust! Tatsächlich haben die wenigsten Schüler genügend Willensstärke, sich diesem Sog zu entziehen!

Lückentext selbst herstellen

Zum vertiefenden Üben einer Lektion kannst du dir sehr einfach einen eigenen Lückentext herstellen. Du kopierst einen Text aus deinem Sprachbuch gleich zweimal, am besten etwas vergrößert. Dann löschst du auf einem Blatt in jedem Satz ein bis zwei Wörter mit Tipp-Ex oder mit weißen Papierstreifen. Einige Zeit später, wenn die gelöschten Wörter aus deinem Kurzzeitgedächtnis verschwunden sind, füllst du die Lücken mit einem Bleistift wieder aus. Dann vergleichst du deine Ergebnisse mit dem vollständigen Text. Alles, was du falsch geschrieben hast, unterstreichst du rot, auch auf der anderen Kopie. Diese Methode kannst du so oft wiederholen, bis du keine Fehler mehr machst.

Tipp:

Du kannst beim Anfertigen der Lücken entweder gezielt schwierige Wörter löschen – oder auf grammatikalische Konstruktionen achten. Falls du in Englisch zum Beispiel oft das „s“ bei der dritten Person vergisst, kannst du speziell diese Verben löschen.

Fragen zum Text selbst herstellen

Wenn du schon im Voraus weißt, dass Fragen zu einem bestimmten Text in der Klassenarbeit dran kommen, dann kopierst du dir diesen Text, am besten vergrößert. Nun liest du dir den ersten Satz laut vor und überlegst dir, wie eine Frage lauten müsste, die genau diesen Satz zur Antwort hat.

Dies ist eine Übung, bei der du intensiv üben kannst. Du musst dir schon beim Erstellen deiner Fragen Gedanken machen und beim Beantworten noch einmal. Am besten übst du schriftlich. Wenn Zeit fehlt, ist eine derartige mündliche Übung sehr hilfreich. Das Gute an dieser Übung ist, dass du sicher sein kannst, dass deine Antworten korrekt sind, weil sie mit den Sätzen im Buch übereinstimmen müssen.

Grammatik üben

Suche dir in deinem Schulbuch Sätze, auf welche die neue Grammatikregel zutrifft. Kopiere, scanne oder schreibe diese Sätze und unterstreiche die Satzteile mit der neuen Grammatik. *Sehr nützlich sind auch selbst gefundene weitere Beispiele*. Wenn du diese Beispiele zusätzlich noch zu einem Lückentext, wie oben beschrieben, machst, dann hast du eine weitere Übungsmöglichkeit für diese Grammatiklektion.

Beispiel: Du sollst in Englisch einen Satz ins Simple Past setzen und positiv und negativ ausdrücken.

Vorgabe: *Eric/lose/game.*

Deine Antworten: *Eric lost the game. Eric did not lose the game.*

Nach diesem Muster kannst du eine Menge sehr ähnliche Aufgaben selbst erstellen. Bleibe ganz eng an der Vorlage, sodass du sicher sein kannst, dass deine Antwort korrekt ist. Also zum Beispiel: *Mother/win/match.*

1.6.2 Mit Filmuntertiteln lernen

Als sich Wissenschaftler dafür interessierten, weshalb Finnland als PISA-Sieger hervorging und wieso die Schüler dort am besten Lesen und Fremdsprachen können, stellten sie fest, dass dort ausländische Fernsehbeiträge und Kinofilme nicht synchronisiert, sondern mit finnischen Untertiteln ausgestrahlt werden. Dies hat offenkundig positive Effekte. Außerdem bedeutet es, dass sogar diejenigen, die am meisten vor dem Fernseher sitzen, ein tägliches Lesetraining absolvieren und ganz nebenbei eine Fremdsprache einüben.

Aus dieser Erkenntnis kannst du eine weitere, etwas abgewandelte Lernmethode für dich entdecken. Forscher haben herausgefunden, dass zum Erlernen und Festigen einer Fremdsprache Film-DVDs eine unschätzbare Hilfe darstellen. Wenn du also zum Beispiel deine Englischkenntnisse verbessern möchtest, empfehlen sie, englischsprachige Filme in der Originalversion mit englischen Untertiteln anzuschauen.

Selbstverständlich kannst du diese angenehme Lernmethode auch in anderen Sprachen anwenden und davon profitieren. Der Film versetzt dich in ein Sprachbad, das dir sehr viel mehr als nur eine spannende Unterhaltung bietet. Außer der interessanten, spannenden oder lustigen Story lernst und wiederholst du Vokabeln, Grammatik, Satzbildung und Aussprache.

1.7 Fehler als Lernchance nutzen

Der Mensch ist das einzige Lebewesen, das von sich eine schlechte Meinung hat.

George Bernhard Shaw

Niemand möchte in der Schule Fehler machen. Aber sie kommen vor. Mit roter Tinte unterstrichene Fehler können bereits in der Vorstellung eines Schülers wie ein Alarmsignal wirken und Stresshormone wecken. Aus Erfahrung wissen sie, dass man mit vielen Fehlern in einem Test eine schlechte Note und als Folge davon zu Hause Stress mit den Eltern bekommt. Deshalb ist es kein Wunder, dass man sie am liebsten verschwinden lassen möchte und sich Tricks einfallen lässt, wie einem das gelingt. Wieso also diese Kapitelüberschrift? Folgende Überlegung kann dir helfen, deine Fehler mit neuen Augen zu sehen und als Lernquelle zu entdecken. Du kannst selbst nachprüfen, ob ich recht habe.

Angenommen fünf Schüler in deiner Klasse haben in Mathematik genau die gleiche Note geschrieben, nehmen wir als Beispiel die Note 4. Nun breitest du die fünf korrigierten Klassenarbeiten vor dir aus und analysierst die Fehler, die zur Note 4 geführt haben. Die erreichte Punktezahl ist bei allen fünf Schülern dieselbe, aber bei genauer Betrachtung entdeckst du, dass sich die Fehler, die gemacht wurden, gravierend unterscheiden. Jeder Schüler hat an einer anderen Stelle etwas falsch gemacht, logischerweise haben sie auch wieder ganz verschiedene Sachen gekonnt und richtig gemacht. Es nützt dir also eventuell gar nichts, wenn du etwas wiederholst, das du richtig gemacht hast, aber deinen eigenen Fehler noch nicht verstanden hast. Folglich kannst du deine Note deutlich verbessern, wenn du genau die Dinge übst und lernst, die du in deinen Hausaufgaben und Übungen falsch gemacht hast. Daher kommt es, dass es für dich sehr hilfreich ist, deine Fehler als Freunde zu bezeichnen, sie helfen dir, zu erkennen, was du noch üben musst! Clever, wer das vor der Klassenarbeit macht. Daher auch mein Hinweis im Kapitel 1.4 „Die Heftführung optimieren“, dass du Fehler nicht wegmachen und überschreiben sollst. Wenn sie noch sichtbar sind und die richtige Lösung dabei steht, kannst du gezielt üben. Nur wenn du weißt, was du wiederholen sollst, passiert es dir nicht, dass du Dinge übst, die du schon kannst und dir keine Zeit mehr bleibt, für die Sachen, die du noch nicht kannst.

Wer die Diskussionen über Pädagogik aufmerksam verfolgt hat, kann nicht darüber erstaunt sein, dass das Thema „Fehler machen" von den Medien aufgegriffen wird. Viele Schüler, Eltern und Lehrer sind momentan stark verunsichert, weil es keinen Konsens über den Umgang mit Fehlern mehr gab. Die übertriebene Sorge, ein Kind durch den Hinweis auf einen Fehler zu entmutigen, hat zum Teil zu absurden Handlungsweisen geführt. Manchen Kindern hat man in den ersten beiden Grundschuljahren nie gesagt, dass sie irgendetwas falsch geschrieben haben, und folgerichtig auch nicht, wie es richtig geht. Selbstverständlich ist es ein wichtiges Ziel, das Selbstvertrauen eines Kindes nicht zu verletzen und die Lernfreude nicht zu stören. Übersehen wird dabei, dass Kinder das Neugelernte fest in ihrem Gedächtnis verankern. Es ist ein verheerender Trugschluss zu glauben, die richtige Rechtschreibung stelle sich dann später *irgendwie*, quasi von allein, ein. Bei manchen Kindern wird die sogenannte Lese-Rechtschreib-Schwäche noch gefördert oder sehr spät entdeckt, sodass es für eine grundlegend sichere Rechtschreibung zu spät ist. Viele Eltern und deren Kinder entdecken erst in der dritten, vierten oder gar fünften Klasse, wie schlecht die Rechtschreibung *plötzlich* ist.

Wo sind nun das Selbstvertrauen und die Lernfreude geblieben? Beides wurde genau durch diese Vermeidung der Richtigstellung von Fehlern gründlich zerstört.

Merke:

Lernen bedeutet immer auch, Fehler zu machen und diese machen zu dürfen. Du musst wissen, dass es okay ist, einen Fehler zu machen, Bewerte Fehler ab sofort als hilfreich! Suche nach Ihnen und präge dir das Richtige fest ein. Wenn es dir wichtig ist, aus Fehlern zu lernen, kannst du dich auf fröhliche Fehlersuche machen.

Die Rechtschreibung

Heute wird in unserer Gesellschaft sehr viel geschrieben, oft nicht mehr auf Papier, sondern auf Bildschirmmedien. Auch im Berufsleben ist die Rechtschreibung eine wichtige Fähigkeit. Wer viele Rechtschreibfehler macht, wird von den anderen schief angesehen, bekommt möglicherweise nicht einmal eine Chance auf den angestrebten Job. In Studien wurde übrigens nachgewiesen, dass die Schreibfähigkeit nicht eng mit der Lesefähigkeit zusammenhängt. Du wirst also leider nicht automatisch weniger Schreibfehler machen, wenn du viel liest. Schreiben lernt man also am besten durch Schreiben!

Tipp:

Rechtschreiben erlernst du am besten durch das freie Schreiben von Geschichten oder Briefen. Diktate helfen meist nicht, weil sie Unlustgefühle auslösen können, was schlecht für das Lernen ist (Thomé, 2014). Schreiben soll dir Freude machen. Wenn du bei manchen Wörtern unsicher bist, benutze ein Schülerwörterbuch und schlage das Wort nach. Bitte danach jemanden, der gut in Rechtschreibung ist, dir bei der Fehlersuche zu helfen. Er kann das spielerisch tun. Nachdem er deine Arbeit angeschaut und analysiert hat, sagt er dir nur die Anzahl deiner Fehler und du musst nun die Fehler suchen. Jeder richtig herausgefundene Fehler gibt einen Punkt und löscht damit einen Fehlerpunkt. Notiere dir in einem extra Heft die richtige Schreibweise und unterstreiche an der Stelle, wo dein Fehler war. Schreibe den Fehler nicht noch einmal.

Beim richtigen Umgang mit Fehlern kann sogar Spaß am Tüfteln und Ausprobieren von neuen Lösungswegen geweckt werden. Die Erziehungswissenschaftlerin Dr. Maria Spychiger hat mit einer 8. Klasse speziell den Umgang mit Fehlern geübt. Die Schüler sollten sich Komplimente für eine gelungene Lösung machen, statt übereinander zu spotten. Es gelang den Schülern, gemeinsam Spaß zu haben und miteinander zu lachen, statt sich gegenseitig niederzumachen.

Merke:

Achte auf deine Fehler, egal in welchem Fach. Aufgrund der Fehler wird deine Note festgesetzt. Sicherlich machst du viel richtig. Das ist toll und darüber darfst du dich mit Recht freuen. Aber die Fehler verderben dir deine Note.

An folgendem Beispiel möchte ich dir zeigen, wie du deine Note in einer Sprache verbessern kannst.

Beispiel: Alexanders Problemfach ist Englisch

Alexander ist ein temperamentvoller Junge. Er spielt dreimal in der Woche Fußball im Fußballverein. Er war in der Grundschule ein guter Schüler. Er hatte ein überdurchschnittliches Zeugnis und es war klar, dass er auf das Gymnasium wechseln wird. Am Anfang fühlte sich Alexander in seiner neuen Klasse auch richtig wohl. Obwohl er der einzige aus seinem kleinen Dorf war, hatte er sehr schnell viele Freunde in der neuen Klasse. Er freute sich jeden Tag auf die Schule. In seiner Klasse war immer etwas los. Er mochte auch seine Lehrer. Alles schien bestens, bis die erste Englisch-Klassenarbeit kam. Er schrieb eine glatte Sechs, und das bei einem Klassendurchschnitt von 2,5. Alexander war am Boden zerstört. Sein Lehrer tröstete ihn und sprach mit seiner Mutter. „Alexander beteiligt sich immer am Unterricht, er gibt gute Antworten, er versteht alles, was ich erkläre, er war nur zu nervös in der Klassenarbeit, deshalb hat er so schlecht geschrieben." Alexander wurde immer nervöser und er schrieb noch zweimal solch eine schlechte Note in Englisch. Auch seine Deutsch-Diktate waren inzwischen sehr schlecht. Die Mutter war verzweifelt und Alexander begann, sein Selbstvertrauen und seine Freude an der Schule zu verlieren. Dann kam er zu mir zur Lernberatung.

„*Wie* lernst du deine Wörter?" war meine erste Frage.

Er sagte: „Ich decke die englischen Wörter zu, schaue mir das deutsche Wort an und schreibe die englische Vokabel dann auf ein Blatt. Das mache ich jeden Tag, jede Seite frage ich mich fünfmal ab."

„Wer kontrolliert deine Fehler? Und was machst du dann mit deinen Fehlern?"

„Was soll ich mit den Fehlern machen?"

Aufgrund der Frage war mir klar, warum Alexander einen so geringen Erfolg in Englisch hatte. Er hatte zu wenig Aufmerksamkeit auf seine Fehler und deren Richtigstellung gelegt. Ich erklärte ihm, dass er ab sofort auf seine eigenen Fehler genau achten muss. Ich zeigte ihm mit einer Seite aus dem Englischbuch, wie er in Zukunft seine Wörter erfolgreicher lernen kann.

Tabelle 1: Beispiel, wie eine Seite im Buch nach fünfmaligem Abhören aussehen könnte

englisch	deutsch	Bedeutung von meinen Strichen
cupboard	Schrank III	drei Mal nicht gewusst, pb falsch geschrieben
to look (at)	(an)schauen I	at einmal nicht gewusst
poor	arm	gewusst
budgie	Wellensittich IIII	fünf Mal nicht gewusst, d vergessen
cage	Käfig	gewusst
boring	langweilig	gewusst
to wait (for)	warten (auf) II	for zweimal nicht gewusst
wall	Wand	gewusst
to move	bewegen	
to write down	aufschreiben III	down drei Mal nicht gewusst
up	hinauf, herauf IIIII	fünf Mal nicht gewusst
just	nur, bloß	gewusst
alone	allein	gewusst
to read to	jm. vorlesen II	to zwei Mal nicht gewusst
grey	grau	gewusst
to finish	beenden	gewusst
on the radio	im Radio III	on the drei Mal nicht gewusst
pretty	hübsch	gewusst
to carry	tragen	gewusst
lazy	faul	gewusst
monkey	Affe II	zwei Mal falsch geschrieben
to think of	denken über IIII	of vier Mal nicht gewusst
accident	Unfall I	ein Mal nicht gewusst
hungry	hungrig	gewusst
to whistle	pfeifen II	zwei Mal nicht gewusst

„In Zukunft beginnst du deine Wörterabfrage ganz ähnlich wie bisher. Du deckst die englischen Vokabeln mit einem Blatt Papier zu, liest das deutsche Wort, schreibst das englische und machst hinter jedem Wort, das du nicht korrekt geschrieben hast oder das dir nicht sofort einfällt, einen kleinen senkrechten Bleistiftstrich. Außerdem unterstreichst du jeden falsch geschriebenen Buchstaben und jede dir unbekannte Präposition. Wenn du das gemacht hast, brauchst du schon beim zweiten Mal Abhören nicht mehr die ganze Seite mit jedem einzelnen Wort abfragen, es genügt, nur die Wörter abzufragen, welche du nicht gekonnt hast. Die Seite im Buch sieht dann nach fünfmal Abhören so aus wie in der Tabelle.

Nun genügt ein Blick auf die Vokabelseite und du siehst sofort, welche Wörter du vor einer Wörterarbeit oder vor einer Klassenarbeit noch einmal wiederholen solltest – und welche du kannst. Du sparst also Zeit beim Lernen und machst letztendlich weniger Fehler. Selbstverständlich kannst du die Vokabeln in jeder beliebigen Sprache auf die gezeigte Art lernen.

Übrigens empfehle ich dir sehr, dein Sprachbuch am Ende des Schuljahres zu kaufen, denn in diesem Schulbuch kennst du dich aus und kannst auch Jahre später immer wieder etwas nachschlagen. Falls du es aus irgendeinem Grund nicht kaufen darfst, kannst du dir wenigstens die Seiten mit den Vokabeln für später kopieren. Viele Schüler wissen nämlich noch Jahre später, wo im Buch eine besonders schwierige Vokabel steht, aber sie erinnern sich nicht mehr an die Übersetzung."

Alexander wandte zu Recht ein: „Die Englischklassenarbeiten bestehen aber leider nicht nur aus Wörtern, sondern aus ganzen Sätzen."

„Du kannst mit der oben beschriebenen Methode auch lernen, Sätze zu übersetzen. Auch Grammatik lernen ist möglich. Am besten legst du dir dazu einen Schnellhefter an. Dazu nimmst du ein Blatt Papier, notierst zu Beginn die entsprechende Seite im Buch und übersetzt dann pro Tag sechs Sätze aus deinem Buch ins Deutsche. Danach machst du dein Englischbuch zu und erledigst am besten andere Hausaufgaben, damit du nicht alles nur so aus deinem Kurzzeitgedächtnis heraus abspulst. Nach frühestens einer halben Stunde übersetzt du die deutschen Sätze wieder zurück ins Englische. Danach vergleichst du Wort für Wort, was du geschrieben hast, mit dem, was in deinem Englischbuch steht. Und nun kommt das Wichtigste: deine Fehler. Du musst sie unbedingt in deinem Englischtext im Buch, falls du es kaufst, oder auf der Kopie unterstreichen, am besten rot, und hinter den Satz wieder einen senkrechten Strich setzen. Die falsch übersetzten Sätze markierst du auch auf deinem Blatt. Nun musst du nur noch die Sätze, in denen du Fehler hast, wiederholen. Nach dreimaliger Wiederholung sehen die Sätze auf deinem Papier zum Beispiel so aus."

Tabelle 2: Beispiel, wie eine Seite im Buch nach dreimaligem Abhören aussehen könnte

englisch	deutsch
I like this car, but it is too slow.	Ich mag dieses Auto, aber es ist zu langsam.
Put down the cake, Mary. III	Stelle den Kuchen hin, Mary.
Homework is boring. II	Hausaufgaben sind langweilig.
I usually sleep late at the weekend. I	Ich schlafe meistens lange am Wochenende.
Sometimes I come home late – and my mum always worries about me. II	Manchmal komme ich spät nach Hause – und meine Mutter macht sich immer Sorgen um mich.
Please don't shout. I can hear you.	Bitte schreie nicht. Ich kann dich hören.

Alexander, der unbedingt in seiner Klasse bleiben wollte, befolgte diese Regeln haargenau. Bereits zwei Wochen später schrieb er seine erste Drei in einer Wörterarbeit und eine Woche später in der Englisch-Klassenarbeit sogar eine 2,5 und lag damit sogar besser als der Klassendurchschnitt. Nun war für ihn und seine ganze Familie die Welt wieder in Ordnung. Er lernte nur noch mit der angegebenen Methode und konnte so dauerhaft gut mithalten.

1.8 Mathematik lernen

Mathematik ist für viele Schüler das schlimmste Fach. Sie kommen im Unterricht nicht mit, können ihre Hausaufgaben nicht lösen und schreiben schlechte Noten in den Klassenarbeiten. Mit diesen Voraussetzungen dauert es dann auch nicht lange, bis sie einen großen Widerstand gegen dieses schreckliche Fach entwickeln. Auch Natalie erging es so.

Beispiel: Natalie und ihr Mathematikheft

Natalie war sehr traurig, weil sie in der Mathematik-Klassenarbeit schon wieder eine sehr schlechte Note geschrieben hatte, obwohl sie sich dieses Mal noch mehr angestrengt hatte als vor der letzten Arbeit. Sie kam zu mir in die Lernberatung. Als Erstes ließ ich mir ihr Mathematikheft zeigen.

Bereits beim ersten Durchblättern wurde mir klar, dass sie mit diesem Heft nicht lernen konnte. Sie hatte ein unübersichtliches Durcheinander darin. Ich konnte nicht erkennen, welches die Hausaufgaben waren, welche dieser Aufgaben richtig und welche falsch gerechnet wurden und welcher Stoff in der Schule durchgenommen und besprochen wurde. Sie nickte kleinlaut zu meinen Bemerkungen.

Sie wusste, dass ihr Heft nicht in Ordnung war. Aber weil sich ihr Mathematiklehrer nicht dafür interessierte, war es ihr ebenfalls egal. Ich machte Natalie klar, dass sie ihr Heft sorgfältig führen muss, um daraus lernen zu können.

Ich sagte zu ihr: „Um die *wesentlichen* Aufgaben auf die Klassenarbeit üben zu können, musst du wissen, welche Hausaufgaben du nicht richtig lösen konntest. Das siehst du an einem fetten **f**, das du hinter deine falsche Lösung schreibst. Außerdem solltest du unbedingt die richtige Lösung hinter das **f** schreiben, damit du beim Üben zu Hause weißt, was genau herauskommen muss. Diese Aufgabe musst du dann noch einmal machen. Am besten ist es, wenn du gleich noch eine paar sehr ähnliche Aufgaben dazu erfindest und auch diese sofort löst.

Der Aufwand, den du für diesen Lerntipp treiben musst, ist nicht groß. Du hast bisher schon in der Schule mitgeschrieben. Du musst dir jetzt nur ein kleines bisschen mehr Mühe geben. Die zusätzlichen Übungen machst du gleich an dem Tag, an dem du die Aufgabe verstanden hast. So kann sich nicht ein ganzer Berg von Problemen ansammeln. Dein Heft macht dir auch mehr Spaß und du sitzt bei deiner Klassenarbeitsvorbereitung nicht verzweifelt vor deinem Heft und weißt nicht, was und wie du lernen sollst. Jetzt ist dir ganz klar, dass du die Aufgaben wiederholst, die du schon einmal falsch gelöst hast. Diese Aufgaben erkennst du auf einen Blick. Außerdem kannst du dir noch zusätzliche Zeichen auf den Rand in deinem Heft malen. Zum Beispiel ein Fragezeichen, wenn du etwas nicht ganz verstanden hast, oder KA, wenn der Lehrer einen Hinweis auf die Klassenarbeit gegeben hat, oder ein Ausrufezeichen, wenn etwas ganz besonders wichtig ist.“ Natalie sah das alles ein und versprach, es einmal zu probieren.

Drei Wochen später kam sie wieder zu mir. Ihr Heft war nicht wiederzuerkennen. Und ihre Stimmung ebenfalls. Es hatte funktioniert. Natalie hatte wieder Selbstvertrauen gewonnen und war in der Lage, ihre Probleme selbst in den Griff zu bekommen. Sie hatte keine Angst mehr vor der nächsten Klassenarbeit. Allein durch diese kleine Änderung konnte sie sich um über eine Note verbessern!

Beispiel: Streit beim Mathematiklernen

Bei Stefan lag die Sache anders. Er führte sein Heft sauber und arbeitete ordentlich mit. Er hatte Glück. Sein großer Bruder Elias war besonders gut in Mathematik. Elias freute sich oft darauf, seinem Bruder die schwierigen Aufgaben zu erklären. Leider währte diese Freude immer nur kurze Zeit. Kaum hatten sich die beiden hinter eine Aufgabe geklemmt, dann dauerte es nicht lange und die beiden schrien sich gegenseitig an. Ein vernünftiges Gespräch war nicht mehr möglich. Bald danach verließ Elias das Zimmer von Stefan kopfschüttelnd. Er hatte es doch nur gut gemeint. Er verstand seinen Bruder nicht. Wie froh wäre er gewesen, wenn man ihm früher immer wieder so geholfen hätte.

Was war geschehen? Warum klappt das Lernen bei Geschwistern so selten? Der tiefere Grund des Missverständnisses liegt in der Struktur der Mathematik und daran, dass Geschwister oft die Geduld nicht aufbringen, herauszufinden, an welcher Stelle genau der andere etwas nicht verstanden hat. Das bedeutet in dieser Geschichte, Elias hat eine feste, aber falsche Vorstellung davon, was *genau* Stefan nicht verstanden hat. Er erklärt folglich etwas, das Stefan längst verstanden hat, übergeht dann aber die Stelle, an der Stefan seine wirkliche Schwierigkeit hat. Ich erkläre diesen Sachverhalt mit einer kleinen Geschichte.

Stell dir vor, dass deine Mutter dir folgenden Auftrag erteilt: „Stefan, bitte gehe für mich in das Blumengeschäft und hole den bestellten Strauß ab. Du musst dafür nur die Gartenstraße bis zur zweiten Kreuzung stadteinwärts gehen, die Straße nach links überqueren, dann 100 Meter geradeaus gehen, nach rechts abbiegen und bis zu dem gelben Haus gehen. Dann gehst du durch die schmale Gasse hinter dem gelben Haus, bis du von weitem das Fahrradgeschäft siehst. Das Fahrradgeschäft ist auf der anderen Seite des Baches. Du gehst also über die nächste Brücke an einem Gasthaus vorbei etwa 50 Meter bergauf, dann stehst du direkt vor dem Blumengeschäft. Hast du das verstanden?“

Stefan bejahte die Frage und ging los. Zwei Stunden später kam er ohne den verlangten Blumenstrauß wieder nach Hause. Was war geschehen? Er hatte seine Mutter zwar verstanden, aber er kannte den Weg dennoch nicht. Die Mutter hatte ihn zu früh losgeschickt. Hätte sie zu Stefan gesagt: „Bitte wiederhole mir noch einmal die Wegbeschreibung zum Blumengeschäft." Dann hätte sie genau gehört, an welcher Stelle Stefan nicht mehr weiterwusste.

Diese Geschichte lässt sich auf das Lernen von Mathematik übertragen. Elias muss seinen Bruder auffordern, ihm die Aufgabe zu erklären. Dann wird er bald merken, wo konkreter Erklärungsbedarf besteht. Mit dieser Methode kommt es weniger oft zum Streit zwischen den Geschwistern.

Merke:

Der Schüler, der etwas nicht verstanden hat, soll seinen Lösungsweg bis zu der Stelle erklären, wo er nicht mehr weiter weiß. Dann hilft der andere genau an diesem Punkt und lässt sich das vom Schüler noch einmal wiederholen. Danach fährt der erste in seiner Erklärung fort, bis er wieder nicht weiter kommt usw.

Der Könner soll sich zurückhalten und nur genau an der Stelle erklären, wo er gefordert ist, so kommt es nicht mehr zu Missverständnissen und beide sind zufrieden!

Weitere Tipps zum Mathematik lernen

Es gibt noch mehr, was man beim Mathematik lernen beachten kann. So ist es auch sinnvoll, ganz *ähnliche Aufgaben* zu üben, wenn du merkst, dass du mehr Übung brauchst. Du kannst sie dir selbst herstellen, indem du in deinen Aufgaben aus der Schule nur eine Kleinigkeit veränderst und dann versuchst, die Aufgabe ohne deine Vorlage zu lösen. Es ist auch sinnvoll, an einem Tag die Aufgaben leicht zu verändern und erst *am nächsten Tag* die Lösung zu versuchen. Es könnte nämlich sein, dass du die Lösung nur mithilfe deines Kurzzeitgedächtnisses gewusst hast und dass du nicht, wie es von dir erwartet wird, die Lösung wirklich verstanden hast.

Besorge dir *Klassenarbeiten*, die dein Mathematiklehrer früher in einer anderen Klasse gestellt hat. Das ist ein hervorragendes Übungsmaterial, selbst dann, wenn er nicht mehr genau die gleiche Klassenarbeit stellt. Sinnvoll ist es auch beim Durchrechnen der Klassenarbeit zu Hause, den *Timer* auf die in der Schule vorgegebene Zeit einzustellen. Damit kannst du eine reale Klassenarbeit simulieren und lernst, deine Zeit besser einzuteilen. Dann bist du bei der Klassenarbeit auch weniger nervös. Das hilft dir wirklich, Stress und Angst abzubauen.

Günstig ist das Üben einer Klassenarbeit, bei der bei jeder Aufgabe die zu erreichende Punktzahl steht. Jetzt kannst du dir genau ausrechnen, wie viel Zeit du dir für eine bestimmte Aufgabe gönnen darfst. Angenommen, die Gesamtpunktzahl beträgt 20 Punkte und die Klassenarbeit dauert 40 Minuten, dann darfst du für eine 5-Punkte-Aufgabe ca. 10 Minuten brauchen.

Schreibe bei Textaufgaben genau heraus, *was gegeben und was gesucht* ist. Halte dich an die Musterlösung aus dem Schulbuch oder aus dem Unterricht. Vielen Schülern ist diese Schreibaufgabe oft zu lästig. Sie verstehen nicht, warum das Schreiben eines ausführlichen Textes in Mathematik sinnvoll ist, wo es doch um das Rechnen und nicht um das Schreiben geht. Tatsache ist jedoch, dass häufig diejenigen Schüler, welche sich die Mühe machen, die Musterlösung ernst zu nehmen, und sich genau an diesen Lösungsweg bei der Lösung weiterer Aufgaben halten, hinterher die besseren Noten schreiben!

Bei Geometrieaufgaben und bei manchen Textaufgaben kann es sinnvoll sein, gleich zu Beginn eine *Skizze* zu machen. Schaue dir die Skizzen in deinem Buch oder Heft genau an. Sie haben eine Bedeutung, die manchmal nicht sofort einleuchtet! Mache dir zu Hause Gedanken darüber. Wenn du nicht dahinter kommst, frage deinen Lehrer oder einen Mitschüler. Manche Schüler sind einfach zu bequem zum Zeichnen und stellen dann bei der Rückgabe der Klassenarbeit leider zu spät fest, dass die Lösung mit Hilfe einer Skizze ganz leicht gewesen wäre.

Merke:

Es lohnt sich sehr, zu Hause an einer Aufgabe so lange zu arbeiten, bis man sie endlich gelöst hat. Das kann manchmal sehr lange dauern. Es ist ein wirklich gutes Lernverhalten, wenn man nicht aufgibt sondern wiederholt probiert, weil man die Aufgabe unbedingt heraus bekommen möchte. Dafür hast du ein großes Lob verdient. Wenn man es dann endlich geschafft hat, stellt sich häufig ein echtes Glücksgefühl ein. In der Klassenarbeit wird dieses Lernverhalten aber leider gar nicht belohnt, sondern sogar eher das Gegenteil. Wenn es dir da nicht gelingt, eine Aufgabe, für die du im Moment zu lange brauchst, einfach loszulassen und mit der nächsten Aufgabe anzufangen, hast du am Ende möglicherweise nur diese eine Frage beantwortet und dann zu wenige Punkte bekommen.

Fazit: Berechne in der Klassenarbeit die Zeit, die du für eine Aufgabe ungefähr aufwenden darfst, und versuche, so viele Punkte wie möglich zu erreichen. Fünf nur halb gelöste Aufgaben können dir mehr Punkte einbringen als eine perfekt ausgerechnete Aufgabe.

1.9 Selbstbild und Schulerfolg

Wie siehst du dich selbst? Glaubst du, dass Talente und Fähigkeiten angeboren sind und du etwas zu kurz gekommen bist? Falls du das wirklich glaubst, verhinderst du mit diesem Glauben die Entfaltung deiner

Möglichkeiten enorm. Du gehörst dann zu den Menschen, die schnell aufgeben, wenn irgendwo ein Hindernis auftaucht. Du hast damit ein statisches, unveränderbares Selbstbild.

Oder glaubst du an den Spruch „Übung macht den Meister“ und dass du dich durch Lernen und Training jederzeit verbessern kannst? Dann hast du ein dynamisches Selbstbild, möchtest dich weiterentwickeln, für deine Ziele kämpfen, lernst aus deinen Fehlern und kämpfst nach Niederlagen weiter. Carol Dweck ist eine weltweit führende Forscherin über Motivation und Persönlichkeitsentwicklung, sie ist Psychologie-Professorin an der Stanford University in Kalifornien. Sie hat mithilfe von Studien herausgefunden, dass Menschen mit dieser Grundhaltung mehr Erfolg in der Schule und im Leben haben (Dweck, 2009). Es hat sich sogar gezeigt, dass das Selbstbild die größte Voraussagekraft über einen Schul- und Studienerfolg hat! Das bedeutet, dass Schüler mit einem positiven, dynamischen Selbstbild mit einer wesentlich größeren Wahrscheinlichkeit ihr Schul- und Studienziel erreichen als Schüler mit einem statischen, negativen Selbstbild. Das Gute dabei ist, dass man sein Selbstbild jederzeit ändern kann. Voraussetzung dazu ist, dass du das wirklich glaubst. Dazu kannst du einfach einmal die Menschen in deiner Umgebung beobachten. Zum Beispiel könntest du mit älteren Menschen über deren Werdegang sprechen. Frage sie gezielt danach, ob sie etwas geschafft haben, das ihnen niemand zugetraut hatte. Wenn du jemanden gefunden hast, für den das zutrifft, hast du schon ein Vorbild gefunden!

Hast du momentan ein schwaches Selbstbewusstsein? Nimm das nicht zu ernst. Lass dich nicht von deinem Ziel abbringen. Dein mangelndes Selbstbewusstsein stellt nicht an sich schon ein Hindernis dar. Es kommt darauf an, wie du damit umgehst. Du kannst dich durch vermehrte Anstrengung, Aktivität und durch das Anstreben von lohnenden Zielen von deiner Beschäftigung mit dir selbst ablenken. Dies verschafft dir Erleichterung. Gehe deinen Weg, ohne dein Aussehen, deine Leistung und deinen Besitz ständig mit anderen zu vergleichen. Du wirst dich wohler fühlen und zufriedener mit dir selbst sein.

Anerkennung und Lob unterstützen dich beim Aufbau eines dynamischen Selbstbildes. Dazu musst du aber auch das Richtige heraushören und angemessen reagieren. Das ist gar nicht so selbstverständlich, wie du denkst. Viele Menschen überhören das Lob und hören nur die Kritik heraus, wenn beides geäußert wird. Später können sie sich nicht einmal mehr an ein Lob erinnern. Aber auch die richtige Reaktion auf ein Lob ist nicht so ganz einfach. Man möchte ja nicht als Angeber dastehen.

Beobachte einmal deine eigenen Reaktionen bei Gesprächen. Hast du schon einmal so etwas Ähnliches gehört wie beispielsweise: „Du hast das Referat toll vorgetragen“, und deine Antwort war: „Oh je, das war gar nicht gut, ich war so nervös, dass ich etwas ganz Wichtiges vergessen habe.“

Mit Lob umgehen

Überprüfe dich dabei, ob du Lob und Anerkennung annehmen kannst. Wie reagierst du zum Beispiel, wenn dir jemand, wie in Tabelle 3 dargestellt, ein Lob ausspricht.

Tabelle 3: Wie reagierst du auf Lob?

Bemerkung	Reagierst du so:	oder so:
Die neue Frisur steht dir gut.	Oh, das finde ich überhaupt nicht, ich habe mich heute kaum in die Schule getraut.	Ja, ich bin auch sehr zufrieden damit.
Dein Kuchen schmeckt super.	Also, das ist ja überhaupt keine Kunst. Außerdem ist er viel zu süß.	Das freut mich, es ist nämlich mein Lieblingskuchen.
Schön, wie du das gezeichnet hast.	Das ist doch wirklich eine kindische Zeichnung. Ich habe noch nie zeichnen können.	Danke für das Kompliment. Ich freue mich, wenn es dir gefällt.
Du hast eine tolle Handschrift.	Mir hat meine Handschrift noch nie gefallen. Ich finde sie unmöglich.	Ich freue mich sehr, dass dir meine Handschrift gefällt. Ich habe mich auch extra angestrengt.
Diese Aufgabe hast du aber schnell gelöst.	Das nennst du schnell. Ich komme mir vor wie eine Schnecke.	Ich habe mich auch sehr beeilt.
Du siehst hübsch aus in deinem neuen Pulli.	Das finde ich gar nicht, er ist doch wirklich nichts Besonderes.	Ich fühle mich auch richtig wohl, wenn ich diesen Pulli trage.

Es kann sein, dass du jetzt denkst, solche Komplimente macht mir doch keiner. Mir doch nicht! Vielleicht hast du ein Lob bisher immer überhört oder nicht geglaubt? Achte ab jetzt gezielt darauf und registriere danach sehr genau deine Reaktionen. Übrigens kannst du dich auch selbst loben. Klopfe dir nach einer erfolgreichen Arbeit ruhig einmal auf die Schulter und sage zu dir selbst: „Das habe ich gut gemacht. Dafür habe ich ein dickes Lob verdient.“ Das tut wirklich gut, probiere es aus.

Übung: Komplimente

Hier stehen Komplimente. Kreuze in der Liste alles an, was auf dich zutrifft.

- Du kannst toll kochen. ☐
- Du hast einen guten Geschmack. ☐
- Du bist schnell im Rechnen. ☐
- Du kannst fantasievoll schreiben. ☐
- Du hast eine schöne Stimme. ☐
- Du hast eine große Geduld. ☐
- Du bist sehr ordentlich. ☐
- Du bist gut informiert. ☐
- Du bist beliebt in der Klasse. ☐
- Du liest schnell. ☐
- Du rechnest schnell. ☐
- Du bist sehr sportlich. ☐
- Du bist sehr musikalisch. ☐
- Du kannst toll mit Kindern spielen. ☐
- Du bist immer gut gelaunt. ☐
- Du kannst gut Streit schlichten. ☐
- Du bist immer pünktlich. ☐
- Du bist sehr sparsam. ☐
- Du kannst super basteln. ☐
- Du hast einen guten Orientierungssinn. ☐

Überlege dir nun Antworten, mit denen du Komplimente annehmen und dich dabei richtig wohl fühlen kannst.

Meine Antworten:

____

____

____

____

____

____

____

Mit Kritik umgehen

Wenn du kritisiert wirst, hilft es dir, angemessen zu reagieren. Konstruktive Kritik ist sogar hilfreich. Wenn du die erste Enttäuschung überwunden hast, solltest du dir überlegen, was du Gutes aus der Kritik herauslesen kannst. Du hast eine Rückmeldung darüber bekommen, was du besser machen könntest. Falls du dich innerlich sehr lange mit der Kritik beschäftigst und womöglich auf einem bestimmten Satz herumkaust und nicht darüber hinwegkommst, kann das daher kommen, dass du grundsätzlich schlecht von dir selbst denkst. Du deutest dadurch die Aussagen oder das Verhalten der anderen Person automatisch falsch. Es schleichen sich bei dir Gedanken ein wie zum Beispiel: „Etwas stimmt mit mir nicht. Ich sehe so schlecht aus, deshalb mag man mich nicht. Oder: Ich kann zu wenig, deshalb möchte er oder sie mit mir nicht reden.“

Ein schwaches Selbstvertrauen führt häufig zu einem Teufelskreis. Man sieht die Reaktion der Umgebung direkt als Folge der eigenen Schwächen und verstärkt den Abwärtstrend noch mehr. Alles dient als Beweis für die eigene Unzulänglichkeit. Man sieht genau die Dinge, nach denen man Ausschau hält.

Gedankenexperiment

Stelle dir vor: Du befindest dich auf dem Nachhauseweg von der Schule. Ganz weit vorne siehst du einen Mitschüler gehen, er dreht sich um, sieht dich, verschwindet rasch in der nächsten Seitengasse. Für dich ist die Sache klar. Du denkst, er will dich auf keinen Fall treffen. Aber überlege nun, wie viele andere Gründe es noch geben kann. Ich gebe dir ein paar Gedanken zum Start, dann überlegst du dir selbst noch ein paar Gründe:

- Vielleicht hat er mich gar nicht gesehen.
- Vielleicht wohnt er gleich um die Ecke.
- Vielleicht muss er noch etwas einkaufen.
- Vielleicht glaubt er, ich mag ihn nicht.

… und nun bist du dran.

Merke:

Hoffentlich ist dir nun klar geworden, dass ein dynamisches, positives Selbstbild sehr viel mit Erfolg in der Schule zu tun hat.

Das Selbstbild stärken

Was kannst du tun, um dein Selbstbild zu stärken?

- Arbeite aktiv mit, d. h. melde dich oft, stelle Fragen, mach dir Notizen.
- Gestalte dein Heft so, dass du damit lernen kannst.
- Suche Verbesserungsmöglichkeiten in der Kritik.
- Achte auf dein Äußeres.
- Wasche dich regelmäßig. Leider ist Körpergeruch oft nur für die anderen unangenehm, nicht für dich selbst.
- Sprich in den Pausen viel mit den anderen.
- Übe regelmäßig eine Sportart aus.
- Lerne ein Musikinstrument spielen.
- Beschäftige dich mit humorvollen, heiteren Themen.
- Höre verständnisvoll zu und frage nach, wenn du etwas nicht verstanden hast.
- Versuche herauszufinden, weshalb dich jemand ablehnt.

Niemand kommt mit einem schlechten Selbstbild auf die Welt. Vielleicht hast du schlechte Erfahrungen gemacht. Vielleicht traust du dir zu wenig zu, bist schüchtern und gehemmt. Vielleicht fühlst du dich minderwertig. Dadurch hast du eine innere Stimme entwickelt, die dich ständig kritisiert. Dieser innere Kritiker wirft dir ständig hässliche Worte an den Kopf, nennt dich Dummkopf oder Versager, er nennt dich hässlich, unfähig, schwach und blöd. Er hat nur ein Ziel, er will dich „klein“ machen. Vielleicht hast du schon gespürt, wie gut ihm das gelungen ist. Aber du kannst den Kritiker wieder aus deinem Leben verbannen, wenn es dir gelingt, an seine Stelle eine aufbauende und optimistische Stimme zu setzen. Es gibt viele Beispiele (Seligman, 2012) von Menschen, die es geschafft haben, aus einer negativen, pessimistischen Lebensstimmung heraus zu einem lebensbejahenden, erfolgreichen Leben durchzustoßen.

Unsicherheit, Angst und Depression – drückst du mit deiner Körpersprache aus, man sieht sie dir an und andere trauen dir deshalb nicht viel zu. Das führt dann zu einem Teufelskreis. Sobald du diesen erkannt hast, kannst du ihn mit der oben beschriebenen Methode unterbrechen.

Selbstbewusste Menschen haben häufig folgende Charaktereigenschaften:

- *Ehrlichkeit.* Sie sind offen und ehrlich und haben keine Angst davor, ihre Meinung vor einer größeren Gruppe zu vertreten. Über ihre Gefühle sprechen sie ohne Probleme. Sie sind kooperativ, können aber auch gegen die sie umgebende Stimmung *Nein* sagen.
- *Verständnisbereitschaft.* Sie kommen mit anderen leicht ins Gespräch und zeigen Verständnis für deren Probleme. Sie sind hilfsbereit, wenn es darum geht, einen wertvollen Tipp zu geben. Sie gehen auf ihre Mitmenschen zu.
- *Selbstachtung.* Sie haben ein gesundes Selbstvertrauen, akzeptieren aber selbstverständlich ihre Grenzen. Sie wissen, dass es unmöglich ist, alles zu können. Sie bemühen sich nach besten Kräften unabhängig davon, ob andere in ihrer Umgebung besser oder schlechter sind als sie selbst.

Wie steht es um deine Selbstsicherheit?

Mit folgendem kleinen Test kannst du das erkunden.

Fragen zur Selbstsicherheit	
Lies einfach die Aussagen durch und entscheide für dich selbst, ob sie 0 = nicht zutreffen, 1 = teilweise zutreffen, 2 = vollkommen zutreffen	
Punkte	**Aussage**
	Ich fühle mich in neuen Situationen unwohl.
	Wenn ich etwas an der Tafel nicht lesen kann, reklamiere ich nicht.

Punkte	Aussage
	Wenn mich jemand aus der Klasse einladen will, erfinde ich Ausreden.
	Es fällt mir schwer, mich über eine ungerechte Strafarbeit zu beschweren.
	Wenn ich vor der Klasse sprechen muss, werde ich nervös.
	Ich habe oft Angst, von Mitschülern ausgelacht zu werden.
	Es fällt mir schwer, meine Meinung laut und deutlich zu sagen.
	Ich kann meine Mitschüler nicht um einen Gefallen bitten.
	Ich kann anderen nicht zeigen, wie gekränkt ich mich fühle.
	Ich kann Wünsche von anderen kaum abschlagen.
	Wenn mich ein anderer beleidigt, kann ich mich nicht wehren.
	Auf dem Pausenhof fühle ich mich oft beobachtet und angespannt.
	Bei Streitigkeiten gebe ich oft nach.
	Wenn mir etwas an einem Mitschüler nicht gefällt, kann ich es ihm nicht sagen.
	Ich kann andere nicht loben oder Komplimente machen.
	Es ist für mich ein riesiges Problem, ein Klassenzimmer zu betreten, wenn der Unterricht schon begonnen hat.
	Ich gehe jeder Auseinandersetzung aus dem Weg.
	Ich habe oft das Gefühl, dass die anderen alles besser können als ich.
	Es fällt mir sehr schwer, mich für etwas zu entscheiden.
	Ich bleibe oft nicht bei meiner Meinung.
	Wenn mir jemand ins Wort fällt, bin ich schnell beleidigt und schweige dann.

Auswertung

0 bis 13 Punkte:
Herzlichen Glückwunsch zu deinem guten Ergebnis! Du bist in der Lage, deine Wünsche zu äußern und Forderungen durchzusetzen. Über deine Gefühle kannst du offen sprechen. Gegen unberechtigte Ansprüche kannst du dich durchsetzen. Du kannst Lob annehmen und anderen Komplimente machen.

14 bis 28 Punkte:
Du fühlst dich in manchen Alltagssituationen unsicher und gehemmt. Du ziehst öfter mal den Kürzeren. Es würde dir sehr helfen, wenn du dich selbstsicherer verhalten könntest. Du kannst deine Selbstsicherheit ganz nebenbei verbessern, wenn du das vorliegende Buch aufmerksam durcharbeitest und die verschiedenen Tipps ausprobierst.

29 bis 42 Punkte:
Es gibt einiges für dich zu tun, um mehr Selbstsicherheit zu erlangen. Deine Hemmungen und Ängste hast du erlernt, deshalb kannst du sie auch wieder verlernen und gleichzeitig dein Selbstbewusstsein stärken. Ein Selbstsicherheitstraining an einer Volkshochschule könnte dich weiterbringen. Es gibt auch Bücher zu diesem Thema. Frag einfach in deiner Bibliothek danach.

2 Bildschirmmedien – Wie wirken sie sich auf das Lernen aus?

2.1 Medienkompetenz

Unter Medienkompetenz versteht man den verantwortungsbewussten und gekonnten Umgang mit Medien. Voraussetzung dafür ist auf der Wissensseite Offenheit, Kritikfähigkeit und Neugierde für Medien und auf der Persönlichkeitsseite eine Riesenportion Selbstdisziplin.

Sicherlich hast du schon oft Warnungen über die Digitalisierung gehört. Aber wie bei jedem Werkzeug liegt die Gefahr nicht am Tool, sondern an seiner Benutzung. Du selbst bestimmst durch deine Anwendung, ob es dir nützt oder schadet.

Um die dynamische Entwicklung von Medien und deren Nutzung in Deutschland zu untersuchen, gibt es seit 1998 eine jährliche Studienreihe des Medienpädagogischen Forschungsverbundes Südwest, die sogenannte JIM-Studie (JIM = Jugend, Information, Multi-Media). Sie ist in diesen vielen Jahren zu einem Standardwerk geworden, das regelmäßig über die aktuellen Entwicklungen des Medienumgangs junger Menschen in Deutschland informiert.

Musik spielt bei Jugendlichen auch weiterhin eine zentrale Rolle. Im Vergleich mit anderen Medieninhalten steht sie für viele Jugendliche an erster Stelle, weil sie für Entspannung, Ablenkung und Unterhaltung sorgt. Für Musik, Information und Kultur gibt es inzwischen über 2.800 deutsche Webradios, die man im Internet hören kann.

Bücher und Zeitschriften zählen zwar zu den Printmedien, werden aber kaum mit Medienkompetenz in Verbindung gebracht. Interessant ist in diesem Zusammenhang jedoch, dass der griechische Philosoph Sokrates schon vor zweieinhalb Jahrtausenden vehement vor der Verbreitung der Schrift warnte, da er als Verfechter des gesprochenen Wortes einen geschriebenen Text für minderwertig hielt. Er warnte gar vor einer Verlotterung der Sprache und dem Verkümmern von Merkfähigkeit bei Jugendlichen. Große Aufregung herrschte auch nach der Erfindung und

Verbreitung des Buchdrucks. Wichtige, einflussreiche Menschen erhoben ihre Stimme und warnten vor dem verheerenden Einfluss des Bücherlesens. Tatsache ist, dass sowohl Bücher als auch die neuen Medien einerseits sinnvoll genutzt und eingesetzt werden können, andererseits durch Missbrauch großen Schaden verursachen können.

In den vergangenen 15 Jahren haben sich die Lebenswelt und dadurch die Weltsicht von Kindern und Jugendlichen durch Internet und moderne Kommunikationsmedien tiefgreifend verändert. Weiterhin sind digitale Spiele ein wichtiger Bestandteil des jugendlichen Alltags. Ein Trend zu mobilen Games ist feststellbar. Auch die Printmedien haben sich der modernen Zeit angepasst. Alle diese Veränderungen zusammen haben einen enormen Einfluss auf das Denken und Verhalten von Kindern, manchmal einen größeren als Eltern und Lehrern bewusst ist. Du solltest dich diesen Einflüssen nicht unwissend und unüberlegt überlassen, sondern dich gründlich mit möglichen Auswirkungen befassen.

Menschen möchten sich selbstständig eine Meinung bilden und nicht wie eine Marionette an den Fäden einer unbekannten und mit fragwürdigen Methoden operierenden Macht hängen und von deren Interessen gelenkt und gesteuert werden. Deshalb ist kritisches Hinterfragen von Medieninhalten wichtiger denn je.

Glaubt man den Voraussagen der Optimisten über unsere digitale Zukunft, so wächst derzeit eine neue Elite heran, Weltbürger im erdumspannenden Netz, denen im Leben alle Türen offen stehen. Vertraut man eher den Pessimisten, so werden in Zukunft verhaltensgestörte Daten-Junkies, die im wirklichen Leben keine Freunde finden, sich in eine einsame virtuelle Computerwelt zurückziehen. Diese verwirrenden, gegensätzlichen Meinungen findet man auch bei den Gehirnforschern. Einer derjenigen, die begründen *Warum das Internet uns schlauer macht* (Glomp, 2014), ist Michael Madeja, Hirnforscher von der Universität Frankfurt. Er erinnert daran, dass jegliche Tätigkeit den inneren Aufbau unseres Gehirns verändert, denn die Verarbeitung von Informationen führt zu neuen oder veränderten Kontakten zwischen den Nervenzellen, was bedeutet, dass wir Neues lernen. Insofern verändert natürlich auch der Umgang mit Computern und anderen digitalen Geräten unser

Gehirn. Positiv merkt er an, dass sich männliche Teenager beispielsweise durch Onlinespiele wie World of Warcraft (WoW) zum Lesen und Schreiben motivieren. Videospielen vergrößert Hirnbereiche, die für räumliche Orientierung, Gedächtnisbildung, strategisches Denken sowie Feinmotorik bedeutsam sind.

Über soziale Netzwerke haben wir mehr Kontakte als früher. Menschen finden in Foren schnell gute Lösungen für ihre Probleme. Die Ratgeber geben ihr Wissen aus Begeisterung weiter und nicht für Geld. Der kanadische Autor Clive Thompson nennt das gemeinschaftliche Arbeiten public thinking. Beste Beispiele dafür sind die Online-Enzyklopadie Wikipedia und das Betriebssystem Linux. Beim Projekt *Fold.it* machen sich Wissenschaftler den Arbeitseinsatz der vielen Mitdenker mit erstaunlichem, früher unvorstellbarem Erfolg zunutze.

Klar birgt die intensive Betätigung im Internet auch Risiken. Ein Hauptrisiko ist der schwierige rechtzeitige Ausstieg, die Gefahr, sich in Spielwelten zu verlieren und unter Schlafmangel zu leiden.

Multitasking

Viele Menschen, besonders auch junge, versuchen mit dem im Kapitel 5.2 beschriebenen Überangebot an Reizen mithilfe des sogenannten „Multitasking“ fertig zu werden. In der Computersprache bedeutet Multitasking, dass der Rechner mehrere Programme gleichzeitig bearbeiten kann. Vergleichbar dazu bedeutet Multitasking im Alltag das gleichzeitige Aufnehmen von verschiedenen Dingen.

Gemeint ist zum Beispiel: das gleichzeitige Lesen, Telefonieren und Musik hören oder zeitgleich chatten, Videos anschauen und Pizza essen. Sind diese massiven Sinnesreize förderlich oder schädlich für die Intelligenzentwicklung?

Der Psychologe und Hirnforscher Ernst Pöppel ist überzeugt von der Schädlichkeit von Multitasking (Pöppel, 2000). Er warnt vor den negativen Folgen, denn es fördert die Unkonzentriertheit. Natürlich kannst

du etwas konzentriert tun – und im Hintergrund etwas mit verminderter Aufmerksamkeit verfolgen, aber das führt keinesfalls zu schnellerem Denken. Im Gegenteil: Das Bewusstsein kann die jeweiligen Inhalte nicht mehr sinnvoll verarbeiten und der dauernde Wechsel verhindert eine nachhaltige Verinnerlichung. Du kannst kein fundiertes und vertieftes Wissen aufbauen. Du verzettelst dich geradezu und schwächst deine Konzentrationsfähigkeit. Es ist also nicht hilfreich für dich, wenn du gleichzeitig zwei Dinge tun möchtest, die deine volle Konzentration erfordern.

2.2 Video- und Computerspiele

Videospiele oder Computerspiele sind am Computer, Laptop und Smartphone möglich. Da es hier um die Auswirkungen des Videospielens geht, unterscheiden wir in diesem Kapitel nicht zwischen den verschiedensten Möglichkeiten des Spielens mit Computerprogrammen, die einem oder mehreren Nutzern interaktiv zugänglich sind, und Videospielen, auch Konsolenspiele genannt, sondern sprechen der Einfachheit halber vom Computerspielen.

Viele, die sich an der aktuellen Debatte über die Vor- und Nachteile der digitalen Revolution beteiligen, können sich wohl kaum vorstellen, dass diese Diskussion schon sehr alt ist. „In wenigen Jahren wird der Tonfilm das Lehrbuch weitgehend, wenn nicht vollständig abgelöst haben", prophezeite schon das Erfindergenie Thomas Alva Edison. Das war im Jahr 1922!

Damit dir die neuen Medien außer Spaß auch Nutzen bringen, brauchst du bestimmte Grundsätze, an die du dich unbedingt halten solltest. Tatsächlich lauern heute mehr Gefahren hinter harmlosen Fassaden als früher. Auch ein Buch kann dich so fesseln, dass du auf keinen Fall mittendrin gestört werden möchtest. Aber wenn du es dann mal ausgelesen hast, greifst du wahrscheinlich nicht sofort zum nächsten Buch, sondern gehst zuerst einmal anderen Beschäftigungen nach.

Info:

Mit den Computerspielen ist es anders. Sie können einen Spieler so stark fesseln, dass er nicht mehr selbstständig aus der spannenden Geschichte herauskommt. Es kann eine psychische Abhängigkeit entstehen. Die Weltgesundheitsorganisation definiert diese als „ein Bedürfnis bis hin zu einem zwanghaften Drang oder Verlangen nach periodischem oder dauerndem Konsum der Droge, um ein Lustgefühl zu erlangen und/ oder ein Unlustgefühl zu vermeiden." Die „Droge" ist in diesem Fall das Computerspielen (www.internet-abc.de).

In diesem Fall kommt ein anderes Merkmal einer Abhängigkeit zum Vorschein: die Wirklichkeitsverzerrung. Diese Menschen können die Welt, in die sie sich hineinträumen, nicht mehr von der realen Welt unterscheiden. Genau das kann auch bei der sogenannten Computerspielsucht passieren. Der Betroffene leidet unter einem unwiderstehlichen Verlangen nach diesem Medium und er nimmt seine Umgebung nur noch verzerrt wahr. Dabei werden Actionspiele, Renn- und Rollenspiele gespielt. Diese Spiele sind absichtlich so programmiert, dass das Spiel nie ein richtiges Ende hat, man also theoretisch ewig weiter spielen könnte. Viele Spiele lassen sich auch mit anderen im Internet spielen, wodurch die Spiele noch spannender werden und noch länger dauern.

Typisch für eine Sucht ist, dass Süchtige meinen, sie könnten jederzeit mit ihrem Suchtmittel aufhören, aber das ist ein Irrtum.

Medienpädagogen zufolge sollten Kinder zwischen 10 und 13 Jahren nicht länger als durchschnittlich 60 Minuten pro Tag vor dem Bildschirm verbringen. Bei etwas älteren Kindern hat sich ein „Wochenbudget" als praktisch erwiesen. Inwiefern kann dir das übermäßige Computerspielen schaden?

Die Betonung liegt auf übermäßig. Wenn du zu den Vielnutzern gehörst, die Tag für Tag Stunden am Computer verbringen, dann können sich folgende Probleme einstellen:

- Unaufmerksamkeit in der Schule,
- Selbstbewusstseinsprobleme,
- Konzentrationsprobleme,
- Soziale Ausgrenzung,
- Verschiedene Ausprägungen von Ängsten,

- Wirklichkeitsverlust,
- Kontrollverlust.

Wenn du bei dir eines oder mehrere von diesen Symptomen festgestellt hast, solltest du dringend dein Computerverhalten mit einem kompetenten Erwachsenen durchsprechen und um Hilfe bitten. Du musst lernen, mit diesem wichtigen Medium *sinnvoll und richtig dosiert* umzugehen.

Viele Computerspiele sind an sich weder positiv noch negativ. Wie sie auf dich wirken, liegt einzig und allein an deiner Nutzung. Ist diese Beschäftigung für dich ein maßvolles und anregendes Vergnügen oder dominiert es deine Freizeit und lenkt dich zu viel von der Realität ab? Hast du noch genügend gute Beziehungen zu deiner Familie und den Gleichaltrigen in der Schule?

Computerspiele sind in den letzten Jahren immer komplexer und zahlreicher geworden. Unabhängig vom Alter und sozialer Herkunft nutzen zunehmend alle Gesellschaftsgruppen multimediale interaktive Unterhaltungs- und Lernangebote. Aus diesem Grund gibt es in Deutschland verschiedene Preise und Auszeichnungen für besonders gelungene Produkte. Die Seite www.spielbar.de ist zum Beispiel die Plattform der Bundeszentrale für politische Bildung zum Thema Computerspiele. Hier gibt es Infos über Neuigkeiten, Spielebeurteilungen, Praxiswissen und Fachartikel.

Beachte Folgekosten durch Abonnements. Besonders Anbieter von Online-Rollenspielen können außer einer einmaligen Anschaffungsgebühr auch monatliche Gebühren verlangen. Das Schlimme ist, dass dies nicht immer ersichtlich ist. Schau die Vertragsbedingungen genau an und sei kritisch!

Der Verein ComputerProjekt Köln e. V. hat mit Förderung des Landes NRW und in Kooperation mit Partnern aus Pädagogik, Forschung und Jugendmedienschutz einen Ratgeberservice zu Computer- und Konsolenspielen für Eltern, Pädagoginnen und Pädagogen eingerichtet (www.spieleratgeber-nrw.de).

Es gibt auch gute Spiele, welche die Kreativität fördern. Diese regen die Fantasie an. Zu ihnen gehören die „Music-Maker-Games“, bei denen der Spieler eigene Popsongs entwickelt.

Die Alterseinstufungen der USK (Unterhaltungssoftware Selbstkontrolle), sichtbar auf den Produktverpackungen, dienen als Orientierungshilfe für Eltern, Erzieher und andere Interessierte. Die USK-Prüfung besteht im Wesentlichen in der Untersuchung aller Spielelemente in ihrem Zusammenhang mit emotionalen Anforderungen durch die Übernahme der Spielerrolle. Wie diese Alterseinstufungen von Computerspielen zustande kommen, findest du auf der Seite www.usk.de.

Vermeiden solltest du die sogenannten „Ego-Shooter-Games“. Dabei sieht der Spieler mit den Augen eines Kämpfers. Er schießt dann auf plötzlich auftauchende Gegner. Solche Spiele sind oft mit sehr viel Stress und Anspannung verbunden. Besonders problematisch ist es, wenn der Spieler sich so sehr mit der Spielfigur identifiziert, dass er nicht mehr in die Realität zurückfindet.

Gute Spiele schulen die Reaktionsgeschwindigkeit, verbessern die Koordination von Auge und Hand, fördern strategisches Denken und ergänzen vernetzte Überlegungen. In den meisten Berufen ist die Beherrschung des Computers heute eine notwendige Voraussetzung. Deshalb ist der richtige Umgang mit einem Computer für dich eine wichtige Zukunftsinvestition.

Nach kurzer Zeit wird es dir mit Hilfe eines Mediennutzungsplans gelingen, den Computer sinnvoll in deinen normalen Alltag zu integrieren. Kopiere dir dazu am besten die Abbildung 4.

Du schreibst in die ersten drei Spalten, wie in Abbildung 4 angegeben, was du genau vorhast, in die vierte Spalte kommt, wie lange deine wirkliche Nutzung war, und in der letzten Spalte bewertest du deine Arbeit. Wenn du den Computer über deine Zeitvorgabe hinaus genutzt hast, solltest du in die letzte Spalte einen traurigen Smiley zeichnen. Wenn du mit dir zufrieden bist, zeichnest du einen lachenden Smiley, in allen anderen Fällen zeichnest du einen neutralen Smiley. So kannst du nach einiger Zeit selbst sehen, wie gut du mit dem Computer umgehen kannst. Du hast eine gute Selbstkontrolle. Du kannst dieses Blatt neben deinem Computer aufhängen, damit du die Eintragungen nicht vergisst. So kannst du bestimmt auch deine Eltern überzeugen, falls dieses Thema immer wieder zu einem Streit führt. Allerdings musst du wirklich ehrlich die richtigen Zeiten eintragen und darfst nichts auslassen.

Mediennutzungsplan				
Datum	**Nutzung**	**geplant**	**wirklich genutzt**	**Zufrieden?**
02.10.	Aufsatz schreiben	60 Min.	90 Min.	☹
04.10.	Spielen	30 Min.	30 Min.	☺

Abbildung 4: Mediennutzungsplan

2.3 Facebook und Co.

Die Verbreitung von Smartphones und Tablets ist in den letzten Jahren sprunghaft angestiegen und damit natürlich auch ihre Nutzung. Laut JIM-Studie 2014 lässt sich ein deutlicher Trend weg von Facebook hin zu WhatsApp und Instagram feststellen. Dass Facebook die Plattform WhatsApp gekauft hat, ist deshalb nur eine logische Folge des Nutzerverhaltens. Zu den häufigsten regelmäßigen Anwendungen in der Community zählen das Verschicken von Nachrichten, das Chatten, das „Liken" von Posts, das Versenden von Bildern und Fotos, das Stöbern in Profilen.

Facebook steht immer noch an der Spitze der von Jugendlichen genutzten Communitys, was bedeutet, dass die Annehmlichkeiten dieser Plattform bekannt sind. Weniger bekannt sind die Mängel. Der Kindermedien-Experte Thomas Feibel betont folgende Nachteile der sozialen Netzwerke im Internet (Feibel, 2014):

- Auch wenn du kein Geld für die Nutzung ausgibst, bezahlst du mit deinen Daten. Dein Name, Adresse, Telefonnummer und E-Mails sind bares Geld wert und werden an Firmen verkauft.
- Mitglieder werden ausspioniert, um ihre Interessen herauszufiltern.
- Datenschützer raten deshalb von der Nutzung ab.
- Internet-Freundschaften sind unpersönlicher als echte.
- Einträge bleiben im Netz, auch wenn man sie löscht. Das können dumme Witze, peinliche Fotos, Videos oder Unwahrheiten sein. Du kannst nichts dagegen tun.

Schütze dich so gut du kannst! Lass dein Smartphone nicht herumliegen, logge dich nach jeder Nutzung aus, verrate niemandem dein Passwort, nicht einmal deinem besten Freund!

Was hat eigentlich zu dem großen Erfolg sozialer Netzwerke geführt? Die Menschen haben einen starken Drang nach sozialen Beziehungen. Wir brauchen einander und wir wollen für andere wichtig sein, wir schaffen das durch unsere Sprache, gesprochen oder getextet, indem wir unsere Erlebnisse, Gefühle und Neuigkeiten austauschen. Durch die digitalen Medien stehen uns heute neue Möglichkeiten offen. Sie sind schnell, wir kommunizieren in Echtzeit, kostenlos und mit vielen.

Im Folgenden bedeutet FoW „Facebook oder Whatsapp“ und es steht stellvertretend für alle weiteren sozialen Netzwerke.

Test: Bin ich FoW-süchtig?	
Ich bin rund um die Uhr online.	☐
Einen Tag ohne FoW halte ich nicht durch.	☐
Ich kann mich nicht erinnern, wann mein letzter FoW-freier Tag war.	☐
Ich ändere mein Profil jede Woche mindestens einmal.	☐
Die meisten meiner FoW-Freunde habe ich noch nie gesehen.	☐
Ich muss jede Stunde auf FoW meine Nachrichten checken.	☐
Meine Eltern schimpfen mich öfter, weil ich so oft in FoW bin.	☐
Ich bin länger in FoW als real mit Freunden zusammen.	☐
Ich ziehe FoW sportlicher Betätigung vor.	☐
Ich sollte ein Instrument üben, nutze aber FoW.	☐
Ich verbringe mehr Zeit mit FoW als mit Hausaufgaben.	☐
Ich verheimliche meine FoW-Zeit vor meinen Eltern.	☐
Erster und letzter Blick am Tag gilt FoW.	☐

Wenn du mehr als sechs Sätze angekreuzt hast, gehörst zu den Vielnutzern und solltest dein Verhalten dringend mit einer Person deines Vertrauens besprechen. Auf Dauer schadet dir die intensive FoW-Nutzung und du verpasst viel im richtigen Leben. Je länger du so weitermachst, umso schwerer fällt dir die Abkehr von FoW.

2.4 Cybermobbing

Cybermobbing geschieht häufig über Smartphones und wird in sozialen Netzwerken und Video-Portalen weiterverbreitet. Diese Form ist noch schlimmer als das Mobbing im Klassenzimmer. Das perfide daran ist, dass die Hemmschwelle für die Täter sinkt, weil sie vom geschützten Ort aus handeln und anonym bleiben können. Für das Opfer ist die Lage äußerst fatal, weil es rund um die Uhr an jedem Ort mit Beleidigungen, Bedrohungen und Anfeindungen konfrontiert werden kann.

Schüler, die auf irgendeine Weise gemobbt werden, brauchen dringend Hilfe von außen. Leider ist Mobbing eine allgegenwärtige Form von Gewalt an fast allen Schulen. Da es subtil geschieht, ist es manchmal nur an den Reaktionen eines Schülers feststellbar, weder seine Familie noch seine Freunde wissen davon. Er wird still, zieht sich zurück, wird schlechter in der Schule, ist oft krank und vermeidet Kontakte, wo immer er kann. Gute Informationen gibt es im Internet. Beispielsweise fördert Klicksafe die Medienkompetenz im Auftrag der Europäischen Kommission: www.klicksafe.de/themen/kommunizieren/cybermobbing.

2.5 Bildschirmmedien und Schlafdefizit

Viele Kinder und Jugendliche leiden unter chronischem Schlafdefizit, besonders wenn sie sich vor dem Einschlafen noch mit Smartphones, Tablets oder E-Books beschäftigen, denn der Blauanteil der LED-Bildschirme bewirkt die künstlich erzeugte Wachheit, weil der Körper weniger Schlafhormone freisetzen kann.

E-Books haben viele Vorteile. Man kann sie bequem kaufen oder ausleihen, ohne sich in eine Bücherei oder Bibliothek begeben zu müssen, spart damit wertvolle Zeit. Für unterwegs sind sie sehr einfach zu transportieren, weil man auf einem Reader sehr viele E-Books speichern kann. Durch Lesezeichen, Notizen und Suchfunktion findet man wichtige Stellen in E-Books oft schneller als in herkömmlichen Büchern.

Leider hat das abendliche E-Book lesen auch Nachteile. Man schläft später ein, schläft nicht mehr so tief und der Schlaf-Wach-Rhythmus wird gestört. Das blaue, also das kurzwellige Licht wirkt auf den Menschen wie ein Alarmsignal, das den Körper auffordert, seine Müdigkeit zu unterdrücken. Er wird wach und kann konzentriert arbeiten. Auf

Dauer und besonders abends vor dem Einschlafen, führt dies jedoch zu Überforderungssymptomen. Auch andere elektronische Geräte wie Fernseher oder Computer haben oft einen zu hohen Blauanteil. Forscher arbeiten daran, LEDs ohne erhöhten Blauanteil zu entwickeln. Erste Erfolge zeichnen sich ab.

3 Stress

3.1 Schulstress

Der Begriff Stress bedeutet aus dem Englischen abgeleitet Kraft oder Anspannung. Es gibt also einen nützlichen Stress, der uns aufmerksam und reaktionsbereit macht, und einen negativen Stress, der uns belastet, Energie raubt und überfordert. Wer unter Zeitdruck steht, überarbeitet ist, keine Zeit für Hobbys hat, nervös und hektisch handelt, der klagt ganz häufig über Stress. Man kann diesen sogar messen, denn unser Gehirn produziert dabei ganz spezielle Frequenzen, die zwischen 21 und 38 Herz liegen und Beta-Wellen genannt werden.

Zahlreiche Schüler klagen über Schulstress. Als Ursachen nennen sie Angst vor schlechten Noten, eigene oder fremdbestimmte hohe Leistungserwartungen. Besonders häufig leiden sie unter diesem beklemmenden Gefühl, wenn sie kurz vor einer Abfrage, einer Klassenarbeit, einem Referat oder einer Prüfung stehen. Was kannst du dagegen tun? Diese Frage ist nicht allgemeingültig zu beantworten, weil es sich um ein sehr individuelles Problem handelt.

Solltest du bereits viele von den bisherigen Tipps umgesetzt haben und trotzdem Stress empfinden, kann es hilfreich sein, auch dein Freizeitverhalten unter die Lupe zu nehmen, um auf die Ursache für den Stress zu kommen. Zum Freizeitverhalten zählt alles, was man in der Zeit außerhalb der Schule macht. Dazu gehört zum Beispiel die Medien-Nutzung, das Training in Sportvereinen, das Musizieren in Bands, auch das Jobben. Viele Schüler verdienen Taschengeld durch das Austragen von Werbung und Zeitungen und durch vieles mehr. Dagegen ist prinzipiell auch nichts einzuwenden, aber wenn dadurch Stress entsteht, ist die Ursache nicht die Schule, sondern das Jobben. Im Vordergrund sollte für dich die Schule und nicht das Taschengeld stehen.

Manche Schüler schleppen soziale Ängste mit sich herum. Sie haben Sorge, sich vor anderen zu blamieren, nicht anerkannt zu werden oder aus der Clique ausgeschlossen zu werden. Das kann manchmal eine echte Gratwanderung sein, einerseits gilt man mit guten Noten sehr schnell als Streber, andererseits gibt es Druck von den Eltern, wenn man schlechte Noten schreibt. Diese Gründe können einem Schüler sehr zusetzen und ihn in die Enge treiben.

Aber auch wenn du alles richtig machst, kannst du Stress mit der Schule bekommen, einfach durch die Vielzahl der Anforderungen. Erwachsene haben oft vergessen wie das ist, die vielen Hausaufgaben zu machen, dauernd abgefragt zu werden, angesagte oder überraschende Tests schreiben zu müssen, sich auf den normalen Unterricht vorzubereiten, Klassenarbeiten konzentriert zu schreiben und Referate vor der Klasse und dem Lehrer zu halten. Auch so unangenehme Dinge wie im Fach Musik vor der Klasse vorsingen oder im Sport vor allen vorturnen zu müssen, sind Ursachen für Stress. Dazu kommt noch, sich in der Klasse so zu verhalten, dass man von möglichst allen akzeptiert wird. Von den Schwierigkeiten der Pubertät und des Erwachsenwerdens ganz zu schweigen. In dieser Zeit verändert sich das Kind körperlich, geistig und seelisch. Das alles zusammen ist alles andere als einfach.

Wirkungen von Stress

Wir bezeichnen jemanden als gestresst, wenn er ungeduldig oder unfreundlich auf uns reagiert. Eine Verhaltensweise, die dir sicherlich schon öfters begegnet ist. Wenn sich schon die Erwachsenen so unkontrolliert verhalten, wie kannst du es als Schüler dann schaffen?

Hilfreich ist zunächst ein wenig Hintergrundwissen über die zugrunde liegenden Belastungssituationen. Schon der Mediziner Hans Selye, der 1936 als Erster den Begriff Stress einführte, meinte, dass die Menschen zu wenig darüber wüssten. Stress ist universal, das heißt er kommt in allen Kulturen der Welt vor und ist eine völlig normale und sinnvolle Reaktion des Körpers auf erschütternde und unvorhergesehene Ereignisse (Roming, 2013). Allerdings ist Stress nicht nur negativ zu bewerten. Es ist sogar so, dass Menschen durch ein gewisses Maß an Stress eine höhere Leistungsfähigkeit erreichen.

Ohne Herausforderungen wären auch Schüler oft faul und nachlässig. Entspricht das auch deiner Erfahrung? Oft ist es doch so, dass du durch Prüfungs- und Wettkampfsituationen leistungsbereiter und fleißiger wirst, du kannst direkt zur Höchstleistung auflaufen. Das ist sogar eine normale biologische Reaktion. Je mehr Stresshormone unser Körper ausschüttet, umso aufmerksamer werden wir. Oft kann man dem Druck nicht ganz ausweichen, aber man kann ihn annehmen und ihn sogar in einen positiven Stress umwandeln. Der positive Stress wird auch „Eustress" genannt. Dieser bringt den Menschen voran, beflügelt ihn geradezu, er nimmt ihn sogar freiwillig auf sich und kommt mit ihm zu erstaunlichen Leistungen. Schau dich in deiner Klasse um, gibt es da einen Mitschüler, der sich auf eine Herausforderung freut, die dir Bauchschmerzen verursacht? Häufige Stresssymptome sind übrigens Kopf- und Bauchschmerzen, Schwindel, Erschöpfung, Schlafprobleme, Übelkeit und Appetitlosigkeit (Klein-Heßling, 2012).

Um gesund zu bleiben, müssen die Stresshormone allerdings unbedingt in einer Erholungsphase wieder abgebaut werden. Andernfalls drohen negative Folgen und Krankheiten. Wenn also unser Stresslevel in einem gesunden Rahmen bleibt, ist alles okay. Mögliche Wirkung bei anhaltendem Stress:

- Das Hormon Cortisol schädigt Gehirnzellen und somit auch die kognitive Leistungsfähigkeit.
- Wiederholte Unterdrückung der Immunleistung vermindert allmählich die Abwehrleistung gegen Infektionen.
- Die Schleimhäute werden bei geringerer Durchblutung anfällig für Entzündungen und Geschwüre.
- Ein Bluthochdruck kann sich einstellen, der wiederum die Elastizität der Blutgefäße schädigen kann.

Auch wenn du diese Wirkungen und Erscheinungen bei dir noch nicht festgestellt hast, heißt das nicht, dass dein Körper nicht unter Stress leidet. Dein Körper passt sich nämlich lange Zeit an die Belastung an und du glaubst fälschlicherweise, alles sei in bester Ordnung. Oft wird der schleichende Stress unterschätzt, weil er sich zunächst kaum bemerkbar macht. Aber wo verläuft die Grenze?

Übung: Erforsche dich selbst

Es gibt körperliche Signale, die du ernst nehmen solltest, da sie dich auf einen ernsthaften und chronischen Stress hinweisen können.

Fühlst du dich morgens oft
- erschöpft,
- todmüde,
- durcheinander,
- ängstlich,
- unkonzentriert,
- lustlos,
- ausgebrannt?

Falls du solche Gefühle kennst, hilft dir folgende Strategie (Cooper, 1997) mit deinem Stress fertig zu werden.

Antworte auf folgende Fragen:

Gibt es Situationen, die bei mir Zornesausbrüche, Ärger oder Niedergeschlagenheit auslösen, die länger als ein paar Minuten andauern?

____

____

____

____

____

Gibt es Situationen, die bei mir regelmäßig körperliche Reaktionen auslösen, zum Beispiel Kopfschmerzen, Magenschmerzen, Nasenbluten oder Ähnliches?

____

____

____

____

____

Wie lange schlafe ich regelmäßig? Gibt es etwas, das meinen Schlaf stört?

____

____

____

____

____

Habe ich Konzentrationsprobleme? Wenn ja, in welchen Fächern? Bei welchen Aufgaben? Worüber grüble ich, während ich mich nicht konzentriere?

____

____

____

____

____

Was hält mich von gesunden Gewohnheiten ab? Zum Beispiel vom Sport, von Entspannungsübungen oder gesunder Ernährung?

____

____

____

____

____

Wenn dir nicht sofort die passenden Antworten einfallen, dann lasse dir eine Woche Zeit zur eigenen Beobachtung. Notiere zu jeder Frage eine ehrliche Antwort.

3.1.1 Ratschläge zum Stressabbau

Durch diese Selbstbeobachtung hast du Hinweise auf die Ursachen für deinen Stress. Durch die Beherzigung von einigen der folgenden Regeln kannst du dem Stress wirkungsvoll entgegen treten.

Folgende Strategien können dir helfen:

1. *Das Problem von einem neuen Standpunkt aus sehen.* Versuche in Gedanken, deine Lage aus der Sicht einer anderen Person zu betrachten. Wie sieht ein Lehrer, ein Mitschüler oder ein Unbeteiligter dein Problem? Wie sieht es eine ältere oder eine jüngere Person? Vielleicht erkennst du dadurch, dass du dich bisher über unwichtige Nebensächlichkeiten aufgeregt hast. Du kannst auch einer Person, die Zuversicht ausstrahlt und zu der du Vertrauen hast, über dein Problem berichten und sie um Hilfe bitten.
2. *An positive Ereignisse und Erfahrungen denken.* Vielleicht hast du schon einmal eine Hürde genommen. Eine Prüfung bestanden, ein schwieriges Gespräch geführt, jemandem aus der Patsche geholfen. Die Erinnerung daran kann eine tolle Kraftquelle für dich sein. Wie bist du das letzte Mal mit dieser Herausforderung fertig geworden? Wer hat dir geholfen? Was hat dir geholfen? Wie gut hast du dich danach gefühlt? Diese Überlegungen werden dir helfen, dass du es auch dieses Mal schaffst.
3. *Gedanken und Gefühle aufschreiben.* Schreibe in dein persönliches Tagebuch, aber nicht in Facebook, Twitter, Blog und Ähnliches, alle deine Gedanken und Gefühle auf. Schreibe auch auf, was du als Lösung ausprobierst. Helfen kann alles, was zu einer Lösung geführt hat. Notiere den Weg dahin ganz genau mit jedem Detail. Rahme diese Seite ein und lies sie immer wieder in einer Notsituation. Damit kannst du dir selbst am besten helfen.
4. *Tief durchatmen.* Zähle beim Einatmen durch die Nase bis fünf. Ausatmen solltest du durch den Mund und es sollte länger dauern als das Einatmen. Atme sehr bewusst ganz langsam. Mache das so lange, bis sich das Gefühl der Entspannung einstellt. Das geschieht wahrscheinlich nach fünf bis zehn Atemzügen. Diese Atemübung wirkt sehr stressreduzierend.
5. *Raus an die frische Luft.* Geh auf den Balkon oder vor die Türe und atme tief ein. Die frische Luft lässt dich wieder klarer denken und

verschafft dir Distanz zu deinem Problem. Auch ein kleiner Spaziergang kann dir helfen. Außerdem ist die Farbe Grün wohltuend für die Nerven und baut Stress ab.

6. *Ehrgeiz zügeln, sich mit weniger begnügen.* Vielleicht hast du deine Ziele zu hoch gesteckt? Wenn du zum Beispiel Termine absagst, kann der Stress von einer Sekunde auf die andere von dir abfallen. Du kannst dein Notenziel niedriger stecken oder dein Lernpensum reduzieren. Wenn du nicht zu viel von dir verlangst, geht es dir sofort besser. Ein zu hohes Ziel ist ein echter Energieräuber.
7. *Briefe schreiben.* Wenn ein Tagebuch nicht so ganz dein Ding ist, kannst du es mit Briefen versuchen. Auch beim Briefeschreiben muss man seine Gedanken ordnen und sich selbst Klarheit verschaffen. Probleme, die du dir von der Seele auf einen Briefbogen geschrieben hast, solltest du aber nicht sofort in einen Briefumschlag stecken und abschicken. Lass ihn bis morgen liegen und lies ihn dann noch einmal durch.
   Du kannst eine E-Mail zuerst im Entwürfe-Ordner abspeichern, bevor du sie am nächsten Tag absendest. Zu früh abgeschickte Botschaften können dir schwer auf der Seele lasten und ein neues Problem erzeugen.
8. *Lachen.* Lache einfach los. Es löst die Anspannung und den Stress sekundenschnell auf. Wer lacht, schüttet Endorphine aus. Das sind Botenstoffe im Kopf, die glücklich machen. Auch ein lustiger Witz kann dich zum Lachen bringen. Beschäftige dich mit etwas Lustigem. Suche gezielt danach.

Einerseits kann man Stress als die Würze des Lebens bezeichnen, er macht das Leben abwechslungsreich und spannend, andererseits ist es wie bei allen Gewürzen, ein Zuviel davon verdirbt den Geschmack.

3.1.2 Eine wirksame Entspannungsmethode

Zum Lernen gehört die Bereitschaft, Neues aufzunehmen. Das gelingt allerdings viel besser, wenn man ausgeruht und entspannt ist, nicht aber, wenn man sich in innerer Anspannung befindet. Hast du schon einmal versucht, etwas zu lernen, wenn du gerade aus irgendeinem

Grund sehr nervös, gestresst, verärgert oder übermüdet warst? Dann weißt du bestimmt, dass du dir in diesem Zustand nichts einprägen kannst. Du hast zehnmal dieselbe Seite im Buch gelesen und du weißt immer noch nicht, was du gerade gelesen hast. Hattest du schon einmal in einer Klassenarbeit eine Denkblockade? Dann ist dir überhaupt nichts mehr eingefallen. Dein Kopf war ganz leer. So sehr du dich auch angestrengt hast, es ist dir nichts mehr eingefallen. Du hast dich fürchterlich schlecht gefühlt. Man nennt diesen Zustand auch Blackout. Kurz nachdem du deine Klassenarbeit abgegeben hattest, überfiel dich dein Wissen wie ein Wasserfall. Aber nun war es zu spät. Die Zeit war abgelaufen. Wie konnte das geschehen? Innerhalb von einer Stunde hast du den schrecklichen Zustand des totalen Nichtwissens und danach die deprimierende Erfahrung *des Wissens zur falschen Zeit* gemacht. Viele Schüler haben das schon erlebt. Auch Erwachsenen kann es so ergehen.

Die Lösung dieses Problems heißt für viele: Entspannung. Mit einer Phase der leichten Entspannung kann man Angstzustände auflösen, Blackouts vermeiden, Lampenfieber im Keim ersticken, öffentlich ganz gelassen reden und Prüfungen ohne Aufregung bewältigen. Was ist das nun für ein mysteriöser Zustand, der dir so viele Vorteile bringt? Es ist ein passiver Wachzustand, der sich immer kurz vor dem Einschlafen und kurz nach dem Aufwachen einstellt. Deine Hirnstromkurve hat dabei ein bestimmtes Aussehen. Du befindest dich im sogenannten Alpha-Zustand und deine Hirnstromfrequenz beträgt zwischen 8 und 12 Hertz. Bei ca. 10 Hertz arbeiten beide Hirnhälften harmonisch zusammen. Es ist ein optimaler Wert für erfolgreiches und kreatives Denken.

Wie kann man einen derartigen Zustand gezielt zum eigenen Nutzen herbeiführen? Damit du die Antwort gut verstehst und die Methode, die daraus resultiert, einsiehst, muss ich ein wenig ausholen.

Der Mann, von dem ich berichten möchte, hieß Edmund Jacobsen und entstammte einer wohlhabenden amerikanischen Familie. Er lebte von 1885 bis 1976. Er studierte zuerst Psychologie an der berühmten Harvard Universität in Boston/Massachusetts. Danach studierte er noch Medizin. Aufgrund seiner persönlichen Erfahrungen interessierte er sich schon sehr früh für die Wechselwirkung zwischen muskulärer Anspannung und seelischem Befinden. Dabei fiel ihm besonders der Zusammenhang von Anspannung der Muskulatur und innerer Unruhe, Angst und Stress auf (Hofmann, 2012). Oft ist ein innerlich angespannter oder ängstlicher Mensch auch muskulär angespannt. Du kennst das vielleicht von deinen Sitzungen beim Zahnarzt, wo du dich bestimmt schon beim Bohren krampfhaft an den Armlehnen des Zahnarztstuhls festgeklammert hast. Jacobsen beobachtete aber noch mehr. Er stellte fest, dass die Lockerung der Muskulatur häufig mit einem Ruhegefühl einhergeht. Hast du schon einmal ein schlafendes Kätzchen hoch gehoben? Hast du gesehen, wie es alle Viere einfach herunterhängen ließ? Das ist ein Paradebeispiel für einen total entspannten Zustand, bei dem alle Muskeln entspannt sind. Aufgrund seiner Beobachtungen hat Jacobsen eine Methode entwickelt, die in Deutschland unter dem Namen „Progressive Muskelentspannung“ bekannt geworden ist. Es gibt inzwischen viele Bücher über diese Entspannungsmethode (vgl. Hofmann & Löhle, 2012; Olchewski, 1996; Birkenbihl, 2002). An vielen Volkshochschulen kann man diese Methode in einem Kurs erlernen. In Krankenhäusern werden Patienten damit behandelt bei Herzinfarkt, Nervosität, Einschlafstörungen, Migräne und Kopfschmerzen. Durch das Training kannst du lernen, die Spannung in deiner Muskulatur herabzusetzen und damit gleichzeitig eine seelische Entspannung hervorzurufen. Das tiefere Ruhegefühl bewirkt nun wieder seinerseits eine zunehmende Muskelentspannung. Es kommt eine regelrechte Spiralwirkung in Gang. Je mehr du deine Muskeln entspannst, umso ruhiger wirst du, und je ruhiger du wirst, umso mehr entspannen sich deine Muskeln. Du lernst die großen Muskelgruppen deines Körpers in bestimmter Reihenfolge anzuspannen und zu lockern. Gleichzeitig lernst du deine Empfindungen, die bei der An- und Entspannung entstehen, wahrzunehmen.

Du kannst diese Methode auch anwenden, ohne einen Kurs besucht zu haben. Sie ist ganz einfach. Oft ist ein Erfahrungsaustausch aber motivierend. Der Trainer kann dir sagen, was du falsch machst, und du bleibst eher bei der Stange. Du kannst die nachfolgenden Regeln selbst einmal ausprobieren und dann entscheiden, ob du dann noch einen Kurs machen möchtest. Sollten deine Alleinversuche allerdings scheitern, dann darfst du nicht gleich aufgeben. Besuche einen professionellen Kurs. Die Methode ist nachweislich sehr wirksam!

3.1.3 Progressive Muskelentspannung

Gib nicht zu schnell auf. Möglicherweise hast du nicht gleich beim ersten Mal den erwünschten Erfolg. Aber schon nach ein paar Versuchen kannst du die Wirksamkeit der Methode feststellen. Falls du zu schnell ungeduldig wirst, bringst du dich leider um den Erfolg.

Mit der progressiven Muskelentspannung hilfst du dem Körper, Stück für Stück zu entspannen. Du musst in der später beschriebenen Reihenfolge einen Muskel nach dem anderen für vier Sekunden mit all deiner Kraft anspannen und danach ganz plötzlich und abrupt die Anspannung auflösen. Danach darfst du nicht sofort mit dem nächsten Muskel weitermachen, sondern musst zwei Minuten ausruhen, tief in den Bauch hinein atmen, die Bauchdecke beim Heben und Senken beobachten und erst dann mit der nächsten Muskelgruppe weitermachen. Ich zeige dir nun, wie du sofort loslegen kannst.

Übung: Progressive Muskelentspannung

Lege dich mit einer bequemen Unterlage, zum Beispiel einer Iso-Matte, auf den Boden.

Hier die Beschreibung der Muskelgruppen und die Reihenfolge der Entspannung:

- Augen,
- Gesicht,
- Hals,
- beide Schultern gleichzeitig,
- rechte Hand,
- linke Hand,
- beide Arme und Hände gleichzeitig,
- Po,
- rechter Fuß,
- linker Fuß,
- beide Füße gleichzeitig.

Wie so eine Entspannungssequenz aussieht, soll am Beispiel der Schultern genauer beschrieben werden.

Zuerst ziehst du deine Schultern so weit wie möglich nach vorne Richtung Brust. Achte darauf, die Schultern dabei nicht hochzuziehen. Spanne nun deine Schultermuskulatur so fest, wie du es kannst, an. Zähle dabei langsam: einundzwanzig, zweiundzwanzig, dreiundzwanzig, vierundzwanzig. Während du diese vier Zahlen aufgezählt hast, sind vier Sekunden vergangen. Nun folgt die Entspannungsphase. Lenke deine ganze Aufmerksamkeit auf diesen Augenblick der ENT-Spannung. Am besten stellst du einen Timer schon im Voraus auf zwei Minuten ein, so kannst du ihn in allen Entspannungsphasen durch einfaches Drücken ablaufen lassen.

Vorbereitung

Deine Kleidung muss leger sein und darf nicht zwicken oder kneifen. Ein Trainingsanzug oder etwas Ähnliches ist sehr geeignet. Die Schuhe sind vor der Übung auszuziehen und alle störenden Gegenstände am Körper abzulegen, z.B. Armbanduhr, Brille oder Schmuck aller Art, auch Ohrringe.

Besonders für Anfänger sind die äußeren Bedingungen sehr wichtig. Die Raumtemperatur muss stimmen, das heißt, es darf nicht zu warm und nicht zu kalt in dem Raum sein. Es muss genügend frische Luft im Zimmer sein. Also eventuell kurz kräftig durchlüften. Du musst in diesem Zimmer ungestört üben können. Der wichtigste Umgebungsfaktor für deine Übung ist die Stille. Es darf nicht laut sein. Schalte alle dir zugänglichen Lärmquellen aus. Du musst dein Handy, das Radio und den Fernseher ausschalten. Es darf dich kein Lärm von der Straße stören, denn dadurch wird deine Konzentration beeinträchtigt und du bist abgelenkt. Auch deine Familie oder Besucher dürfen dich nicht stören.

Hinweis für Diabetiker:

Unter Entspannung verstehen viele Laien körperliche Ruhe und Einstellung aller Aktivitäten. Deshalb ist es wichtig, darauf hinzuweisen, dass es sich bei der Progressiven Muskelentspannung im Gegensatz dazu um eine zum Teil sehr starke körperliche Aktivität handelt. Falls du Diabetiker bist, solltest du das beachten.

3.1.4 Entspannung in Stresssituationen

Ist Lampenfieber oder Prüfungsangst ein Problem für dich? Dann bist du nicht allein. Anlass dafür kann eine Rede am Mikrofon genauso sein wie eine Theateraufführung oder ein Musikvorspiel. Beispiele für Lampenfieber gibt es unzählige. Auch in einer Prüfungssituation kann die Angst so lähmen, dass man nicht mehr in der Lage ist zu zeigen, was man alles gelernt hat. Man kann einfach nicht mehr klar denken. Selbst weltberühmte Stars, die auf jahrelange Erfahrung im Rampenlicht zurückblicken können, leiden darunter. Hättest du gedacht, dass die britische Sängerin und mehrfache Grammy-Preiträgerin Adele vor ihren Auftritten unter starker Unruhe und Angst leidet? Selbst für Emma Watson, bekannt als Hermine aus „Harry Potter“, ist der Auftritt auf dem roten Teppich eine große Überwindung. Für viele Menschen ist Lampenfieber oder Prüfungsangst ein Riesenproblem. Schon aus Angst vor dem Lampenfieber oder der Prüfungsangst unterlassen sie Dinge, die sie eigentlich sehr gerne machen würden.

Folgende Symptome können auftreten:
- Herzrasen,
- Pulsrasen,
- Nervosität,
- Schweißausbruch,
- Kreislaufprobleme,
- Magenverstimmung,
- Konzentrationsprobleme,
- Zitternde Stimme,
- Händezittern,
- Rot werden,
- Blackout.

Meist steckt die Angst vor einer negativen Beurteilung dahinter. Falls du betroffen bist, machst du den Anfang am besten mit der oben beschriebenen Methode der progressiven Muskelentspannung ungestört in deinem eigenen Zimmer. Sobald du diese Methode gut genug geübt hast, kannst du sie auch außerhalb in jeder Belastungssituation anwenden.

Wenn du die Progressive Muskelentspannung gut beherrschst, gibt es für dich eine einfache und wirkungsvolle Übung für Fortgeschrittene. Sie klingt witzig, ist aber sehr hilfreich. Der Trick daran ist, dass du sie überall anwenden kannst, selbst wenn viele Menschen um dich herum stehen. Du kannst damit Lampenfieber und Prüfungsangst zähmen, weil diese Übung für andere Menschen unsichtbar abläuft.

Der Gesäßmuskel ist nämlich unser größter Muskel. Wenn du deine Pobacken mehrmals hintereinander mit aller Kraft fünf Sekunden lang zusammenkneifst, dann die Spannung löst, eine Pause von fünf Sekunden machst, hast du mit einigem Training den gleichen Entspannungseffekt, den du in Ruhe und im Liegen in deinem Zimmer erreicht hast.

3.2 Schulangst

Beispiel: Felix leidet unter Schulangst

Felix geht nach der vierten Stunde zu seinem Klassenlehrer vor ans Pult und möchte nach Hause entlassen werden. Er hat starke Bauchschmerzen und krümmt sich. Einige Mitschüler grinsen. Sie haben dieses Verhalten bei Felix schon öfter gesehen, ganz besonders oft vor Klassenarbeiten. Sie wissen nicht, wie es ihm wirklich geht und glauben, er will nur die Arbeit schwänzen. In Wahrheit beginnt es bei Felix oft schon Tage zuvor. Er kann nicht einschlafen, wälzt sich stundenlang schlaflos hin und her, und wenn er dann endlich eingeschlafen ist, quälen ihn Alpträume und er wacht schließlich schweißgebadet auf. Felix leidet wie außer ihm noch viele Schüler unter Schulangst.

Es gibt viele mögliche Gründe für Schulangst: Angst vor den Mitschülern, vor einer Klassenarbeit, vor einem bestimmten Lehrer, Angst vor der Reaktion der Eltern, Angst, die Klasse wiederholen oder gar die Schule verlassen zu müssen. Eine Schulangst kann so schlimm werden, dass der betreffende Schüler mit Müdigkeit, Bauch- oder Kopfschmerzen reagiert. Das Lebensgefühl und die Gesundheit leiden dann so sehr darunter, dass man dringend Abhilfe schaffen muss. Dazu gehen wir jetzt den möglichen Ausprägungen und Ursachen für eine Schulangst nach.

3.2.1 Mobbing

Der Begriff „Mobbing" kommt eigentlich aus der Arbeitswelt der Erwachsenen und bezeichnet eine Art Psychoterror am Arbeitsplatz. Das Wort kommt aus dem Englischen von mob für „Meute", das entsprechende Verb, to mob, bedeutet so viel wie „anpöbeln" oder „jemanden angreifen".

Merke:
Von Mobbing redet man, wenn es sich um eine systematische, absichtliche und schwerwiegende Belästigung handelt.

Es handelt sich dabei um böswillige, wiederkehrende und bewusste Handlungen. Da es dieses Verhalten auch bei Schülern gibt, hat man den Begriff auch auf die Schule übertragen. Mit Mobbing haben Schüler vor, einen Mitschüler fertigzumachen. Mobbing gibt es gleichermaßen bei Jungen und Mädchen.

Solchermaßen attackierte Schüler trauen sich kaum noch in ihre Klasse, weil sie Angst vor den täglichen Schikanen haben. Sie werden zum Teil monatelang beschimpft, geschlagen, gequält oder, was genauso schlimm sein kann, sie werden gemieden und keiner in der Klasse redet mit ihnen. Solche Opfer verlieren jegliches Selbstvertrauen. Sie trauen sich nicht, mit irgendjemandem über ihr Problem zu reden. Voller Selbstzweifel fragen sie sich: „Warum sind alle so gemein zu mir? Ich tue doch niemandem etwas zuleide. Was stimmt nicht mit mir?“

Merke:

Mobbing braucht keinen besonderen Grund, Mobbing kann jeden treffen!

Schüler können durch Gewalt wie Verprügeln oder Sachbeschädigung oder durch verbales Verhalten gemobbt werden. Sie werden wegen ihres Verhaltens, ihres Aussehens, ihrer Noten mit bissigen Bemerkungen oder durch hämisches Auslachen fertiggemacht. Von den Angreifern kann fast alles als Grund für Mobbing herhalten. Sogar Lehrer können bewusst oder unbewusst durch unbedachte Äußerungen und Gesten das Mobben eines bestimmten Schülers auslösen oder verstärken. Aussagen wie zum Beispiel: „Aus dir wird nie etwas! Du hast nur Stroh im Kopf!“ sind so schädlich wie abwertende Gesten, Grimassen oder ein lautes Aufstöhnen bei falschen Antworten oder beim nochmaligen Nachfragen des Schülers. Aber auch das stumme Mobbing durch links Liegenlassen und Nichtbeachtung ist verletzend und herabsetzend.

Manchmal gibt es eine starke Kerngruppe in einer Klasse, die sich einen Schüler gezielt auswählt und diesen dann schikaniert. Dieser steht dann oft ganz allein da, weil sich die anderen Kameraden nicht getrauen zu helfen. Dies läuft so unterschwellig ab, dass Lehrer oft nichts davon bemerken.

Immer häufiger hört man von Erpressung sogenannter Schutzgelder, dem Zwang zu Diebstahl, der Beschädigung von Kleidungsstücken oder Schulmaterial. Oft sind die Täter noch unbeliebter als die Opfer. Nur durch die Angst, die sie verbreiten, verhindern sie, dass sie aus der Gemeinschaft ausgeschlossen werden.

Merke:

Aus Angst als Verräter oder Petzer dazustehen und noch stärker verfolgt zu werden, sprechen die meisten Mobbing-Opfer mit keinem Erwachsenen über ihr Problem. Dabei verstricken sie sich immer weiter in diese Spirale der Gewalt.

In einer Klasse, in der offen über Probleme geredet wird, gibt es seltener Mobbing. Wichtig ist, dass das Opfer oder ein Mitschüler die Eltern oder einen Lehrer einweiht. Wie Mobbingfälle aussehen und gelöst werden können, zeigen die beiden folgenden Beispiele.

Beispiel: Leon wird gemobbt

Leon ist ein unauffälliger, ruhiger, sehr zurückhaltender, aber immer freundlicher Schüler. In der großen Pause geht er meistens allein auf dem Pausenhof spazieren. Im Unterricht meldet er sich selten, aber in den Klassenarbeiten zeigt er ordentliche Leistungen. Als er eines Tages im Unterricht fehlt, fällt es den Mitschülern zuerst gar nicht auf. Nach ein paar Tagen erkundigt sich der Klassenlehrer nach ihm. Niemand in der Klasse weiß, warum er fehlt. Keiner möchte ihn anrufen. Einige grinsen. Nachdem keine Entschuldigung von den Eltern kommt, ergreift der Lehrer die Initiative und ruft bei Leon zu Hause an. Die Eltern sind über den Anruf entsetzt. Leon ist ihrer Meinung nach jeden Morgen in die Schule gegangen. Er hat das Elternhaus jeden Morgen pünktlich mit dem Schulrucksack verlassen und kam nach Schulschluss wie immer nach Hause. Wo er in der Zwischenzeit war, wissen die Eltern nicht.

Unter Tränen erzählt Leon nach diesem Anruf seinen Eltern, dass er sich nicht mehr in die Schule getraut hat, weil mehrere Schüler ihn vor der ganzen Klasse schlecht gemacht haben.

Wie mit dem Klassenlehrer ausgemacht, rufen die Eltern sofort, nachdem sie mit ihrem Sohn gesprochen hatten, beim Beratungslehrer der Schule an. Nachdem er mehrfach versichert hat, dass nichts von dem Gespräch nach außen dringt, erfährt er die Namen der mobbenden Jungen. Nennen wir sie Florian und Max. Er bespricht mit Leon jeden weiteren geplanten Schritt, führt mit den Eltern von Florian und Max längere Telefongespräche, um ihnen die Notwendigkeit eines Gespräches in kleiner Runde klarzumachen. Auch der Klassenlehrer hat seine Teilnahme am gemeinsamen Gespräch zugesagt. Die Eltern von Florian sind sehr kooperativ und äußern sich entsetzt über das Verhalten ihres Sohnes. Sie möchten gerne helfen, dieses Problem sofort zu lösen. Die Eltern von Max ergreifen dagegen sofort Partei für ihren Sohn, behaupten, er würde nur reagieren und niemals einen Mitschüler angreifen. Nach viel Überzeugungsarbeit sind auch sie endlich bereit, am nächsten Abend in die Schule zu kommen.

Der Beratungslehrer moderiert das Gespräch. Es gibt eine lange und heftige Aussprache. Die Schüler beschuldigen sich gegenseitig. Florian und Max betonen zuerst, dass sie nicht die einzigen seien, die Leon wegen seiner Klamotten auslachen. Nach einiger Zeit kommt jedoch heraus, dass sich Leon nach dem Sport nicht duscht und deshalb „riecht". Es sind also nicht in erster Linie seine Klamotten, sondern es ist sein „Duft", der Leon so einsam und so angreifbar macht. Die Schüler haben das bei ihren verbalen Angriffen nicht deutlich gemacht. Als Leons Mutter das hört, ist sie sehr überrascht, aber auch glücklich, weil sie nun den Grund für das Ausgrenzen kennt. Nachdem der Kernpunkt des Problems endlich deutlich ausgesprochen ist, macht sich Erleichterung breit. Leon sitzt verlegen grinsend da. Seine Mutter ist sich sicher, dass sich dieses Problem lösen lässt. Alle Gesprächsteilnehmer einigen sich, dieses Treffen geheim zu halten und die Namen der „Täter" nicht bekannt zu machen, wenn nichts Weiteres mehr vorfällt. Niemand wird Nachteile in der Schule haben.

Am nächsten Tag redet der Klassenlehrer Klartext mit der Klasse. Er erzählt, wie es Leon in den vergangenen Tagen ergangen ist, dass er sich nicht mehr in die Klasse getraut hat und dass die ganze Klasse jetzt Verantwortung dafür trägt, dass er sich wieder wohl fühlt. Leon verspricht, nicht mehr so stumm zu sein und mit den Mitschülern zu sprechen. Viele in der Klasse beteiligen sich am Gespräch und machen Vorschläge für Regeln, wie sie in Zukunft mit Problemen von Mitschülern umgehen werden. Sie gestalten ein Plakat und hängen es im Klassenzimmer auf.

Zum ersten Mal seit langer Zeit lacht Leon wieder. Wiederholte Anrufe bei den Eltern und weitere Gespräche mit Leon und seinen Mitschülern zeigen, dass sich die Lage stabilisiert hat. Nach einem halben Jahr ist die ganze Geschichte vergessen. Leon fühlt sich wieder wohl in seiner Klasse und er denkt nicht mehr an einen Schulwechsel.

Beispiel: Anika wird gemobbt

Anika hat einen Sehfehler. Sie schielt von Geburt an. Sie muss immer wieder eine Brille mit einem abgedunkelten Glas tragen. Unglücklicherweise kommt sie in eine Klasse mit Mädchen, die hinter ihrem Rücken über sie lästern. Anika wird immer merkwürdiger. Auch die Eltern von Anika suchen zuerst bei ihrer Tochter den Fehler. Sie meinen, dass ein so kratzbürstiges Kind wie ihre Anika nie eine Freundin haben wird. Zeitweise möchte niemand aus der Klasse neben Anika sitzen. Manchmal musste der Lehrer ein Mädchen der Klasse dazu zwingen, neben Anika zu sitzen. Anika leidet darunter und zieht sich immer mehr zurück.

Bei einem Gespräch wird den Eltern klar, dass auch der Klassenlehrer nicht mehr zu ihrer Tochter hält. Nun reift ihr Entschluss, Anika an eine andere Schule zu schicken. Anika willigt ein. Sie hat zwar jetzt einen längeren Schulweg, aber dafür kann sie noch einmal ganz von vorne anfangen. Schon nach ganz kurzer Zeit stellt sich heraus, dass dieser Entschluss richtig war. Sie findet eine Freundin in der neuen Klasse, mit der sie jeden Tag telefoniert. Sie wird aufgeschlossener und ausgeglichener. Jetzt geht sie wieder gerne in die Schule.

Fazit: Anika war zuerst eindeutig in der falschen Klasse. Es lag nicht an ihr, dass sie gemobbt wurde. Sie konnte gegen ihr Schielen nichts machen und weitere Ablehnungsgründe kannte sie nicht. Kinder können sehr grausam zueinander sein. Da Anika auch von Lehrerseite keinen Rückhalt hatte, war der Schulwechsel eine gute Lösung. Sie hatte die Chance, einen Neuanfang zu machen, und die hat sie genutzt.

Tipps gegen Mobbing:

- Eine gute Vorbeugung ist es, einen Freund oder eine Freundin zu haben, zusammen seid ihr stärker.
- Hilfreich ist auch ein Kurs in Selbstverteidigung. Angebote gibt es bei vielen Sportvereinen und Fitness-Centern. Die meisten Schüler halten sich zurück, wenn sie hören, dass du zum Beispiel Karate kannst. Dann lassen sie dich ganz schnell in Ruhe.
- Wenn du bereits häufig auf irgendeine Art gequält wirst, brauchst du auf jeden Fall professionelle Hilfe von außen. Erzähle deinen Eltern oder deinem Klassenlehrer davon. Du kannst dich auch an den Vertrauens- oder Beratungslehrer deiner Schule wenden. Es gibt immer einen Ausweg, auch wenn du diesen im Moment nicht siehst.
- Die Schule zu schwänzen hilft nicht. Dadurch wird dein Problem nur größer. Du versäumst den Unterricht und die Mobber fühlen sich noch gestärkt.
- Sei mutig und vertraue dich jemandem an, der Erfahrung mit Mobbingfällen hat. Mit dem sicheren Bewusstsein, dass dir diese Person hilft, verschwindet deine Angst ganz schnell.

3.2.2 Angst vor Klassenarbeiten

Es gibt Schülerinnen und Schüler, die so viel Angst vor Klassenarbeiten haben, dass sie nicht mehr richtig schlafen können oder andere merkwürdige körperliche Symptome entwickeln. In manchen Klassen sind die angstgeplagten Schüler schon bekannt. Die Mitschüler wissen, dass ein bestimmter Schüler am Tag der Klassenarbeit oder sogar schon einen Tag zuvor immer fehlt. Er schwänzt die Klassenarbeit. Oft wissen die anderen nicht, wie schlimm das für den Betreffenden ist. Er geht zwar nicht in die Schule, aber er fühlt sich auch zu Hause nicht wirklich wohl. Vielleicht steigert er sich so stark in die Angst hinein, dass es ihm wirklich schlecht geht. Für einen schwachen Schüler kann sich ein Schultag anfühlen wie ein Horrortrip durch den Dschungel.

Wenn dieser Schüler seinen Stundenplan für den nächsten Tag anschaut, schwirren folgende Gedanken durch seinen Kopf: „In der ersten Stunde Mathematik, oh Gott, hoffentlich muss ich nicht an der Tafel rechnen, ich kapiere momentan sowieso nichts. Zweite Stunde Englisch. Ich kann doch die neuesten Vokabeln noch nicht, es waren zu viele und ich kann sie nicht. Dritte Stunde Physik. Der Lehrer macht so einen langweiligen Unterricht, dass ich regelmäßig abschalte, ich kann nicht anders. Natürlich sieht der Lehrer das und ruft mich auf. Shit."

Es gibt einige Methoden, wie man Angst bekämpfen kann. Hier folgen bewährte Tipps, die schon vielen Schülern geholfen haben.

3.2.3 Klassenarbeiten vorbereiten

Was löst das Wort „Klassenarbeit" bei dir aus?
Welche der folgenden Vorstellungen und Gefühle stellen sich bei dir ein, wenn du das Wort „Klassenarbeit" hörst? ☐ Ich fühle mich total gestresst. ☐ Ich habe Angst, zu versagen. ☐ Ich kann in der Nacht davor nicht schlafen. ☐ Ich bringe keinen Bissen mehr runter.

- ☐ Mein Kopf ist leer und ich weiß nichts mehr.
- ☐ Ich kann mich nicht mehr konzentrieren.
- ☐ Am liebsten möchte ich die Schule schwänzen.
- ☐ Am schlimmsten ist die Rückgabe der Klassenarbeit.
- ☐ Ich habe Angst, meine Note meinen Eltern zu sagen.

Falls du bei mindestens einer Aussage zustimmen kannst, könnten dir folgende Tipps helfen, mit dieser Stresssituation fertig zu werden.

- *Den Lernstoff kennen.* Um dich gezielt und richtig auf die Klassenarbeit vorbereiten zu können, musst du ganz genau wissen, welcher Stoff in der nächsten Arbeit drankommt. Notiere dir exakt, was dein Lehrer dazu sagt: das Thema, die Seiten im Heft, die Seiten im Buch. Erkundige dich minutiös über den Lernstoff. Bringe dein Heft in Ordnung. Notfalls musst du noch einige Seiten von einem Mitschüler kopieren. Das Wichtigste ist, dass du mit dem Gefühl in die Klassenarbeit gehen kannst, dass du dich gut vorbereitet hast und dass dir nichts passieren kann. Dazu musst du früh genug mit dem Lernen beginnen.
- *Es ist vernünftig, früh mit dem Lernen zu beginnen.* Schau deinen Kalender genau an. Falls du an sieben Tagen Zeit zum Lernen hast, teilst du den Lernstoff in fünf Teile ein und ordnest jedem Tag einen Teil zu. Die letzten beiden Tage reservierst du für das Wiederholen. Trage in deinen Kalender für jeden Tag stichwortartig ein, was du genau lernen musst, um deinen Plan einzuhalten. Du trägst das Thema, die Überschrift, die Seiten vom Buch und die Seiten vom Schulheft ein. Nach dem Lernen machst du jeden Tag ein Häkchen hinter den gelernten Schulstoff. Falls dir beim Lernen etwas unklar ist, kläre diese Fragen mit Mitschülern oder mit deinem Lehrer. Natürlich darfst du mit diesen Fragen nicht fünf Minuten vor der Klassenarbeit ankommen. Da ist es zu spät. Das ist ein weiterer Grund, weshalb du früh genug mit dem Lernen beginnen sollst. So werden die Lernportionen kleiner und du hast noch Zeit für Fragen.
- *Versuche, frühere Klassenarbeiten aufzutreiben.* Frage deinen Lehrer oder Mitschüler einer höheren Klasse nach alten Klassenarbeiten zu deinem Lernstoff. Damit kannst du zu Hause eine Klassenar-

beit „durchspielen“. Du stellst den Timer auf dieselbe Zeit, die du auch in der Schule zur Verfügung hast, z. B. 45 Minuten. Verwende dieselben Hilfsmittel, die in der Klassenarbeit erlaubt sind. Du arbeitest an deinem Schreibtisch genauso wie in der Schule. Dann hast du einen Hinweis darauf, wie gut du den Stoff schon kannst, und weißt zusätzlich, was du alles noch lernen musst. Je öfter du diese Übungstechnik anwendest, umso weniger Angst wirst du vor der Klassenarbeit haben. Es ist eine Angst-Vertreibungstechnik. Sie wirkt aber nur, wenn du früh genug damit beginnst. Wenn du das am Tag vor der Klassenarbeit ausprobierst, ist es zu spät, dann bekommst du vielleicht sogar erst richtig Angst, weil dir nun deutlich vor Augen steht, wie wenig du kannst und wie viel du eigentlich noch lernen müsstest.

- *Lerne mit anderen zusammen.* Mit Klassenkameraden zusammen zu lernen, kann viel Spaß machen und zugleich zu besseren Noten verhelfen. Ihr müsst allerdings ein paar Grundregeln beachten. Es ist wichtig, dass ihr konzentriert bei der Sache seid. Nehmt euch nicht zu viel Zeit vor. Für den Anfang genügen 1,5 Stunden. Wenn einer immer wieder Quatsch macht und stört, dann ist die Zeit sehr schnell vorbei und es wurde nichts gelernt. Ihr müsst einander ausreden lassen und euch gegenseitig Fragen stellen. Überlegt euch, wer euch bei offenen Fragen weiterhelfen kann. Falls du schon schlechte Erfahrungen beim Lernen mit Klassenkameraden gemacht hast, dann ist es besser, wenn du zunächst einmal wieder allein lernst. Probiere es später mit einer anderen Gruppenzusammensetzung noch einmal aus.
- *Lerne am letzten Tag vor der Klassenarbeit nichts schwieriges Neues mehr.* Wenn du deine Zeiteinteilung gut gemacht hast, dann brauchst du jetzt nichts wirklich Neues mehr lernen. Jetzt ist Zeit für die Wiederholung. Stelle dir viele Fragen zum Stoff oder lasse dich von jemandem abfragen. Im Üben und Wiederholen liegt der Schlüssel zum Erfolg.
- *Lass dich von nervösen Klassenkameraden vor der Klassenarbeit nicht anstecken.* In jeder Klasse gibt es Schüler, die vor der Klassenarbeit besonders nervös sind. Manche erzählen sogar vor der Klassenarbeit total aufgeregt, sie hätten nichts gelernt und bekommen hinterher eine gute Note heraus. Diese verbreiten eine sehr ange-

spannte Stimmung um sich herum. Jeder, der in ihre Nähe kommt, wird automatisch angesteckt und bekommt in kürzester Zeit selbst Angst, obwohl er vorher noch ganz ruhig war. Halte dich von solchen Mitschülern fern. Gehe notfalls auf die Toilette, nur um deine Ruhe zu haben. Das ist besser, als sich verrückt machen zu lassen. Tue dein Möglichstes, um innerlich ruhig zu bleiben.

- *Überstehe die Unterrichtsstunden vor der Klassenarbeit in Gelassenheit.* Für viele Schüler sind die Stunden, bis die Klassenarbeit endlich geschrieben wird, eine zermürbende Zeit. Wenn du gut vorbereitet bist und früh genug mit dem Lernen begonnen hast, kannst du dich getrost zurücklehnen. Die innere Sicherheit und Stabilität schenkt dir Gelassenheit und schützt dich vor einer Nervositäts-Ansteckung durch Mitschüler. Sie hilft dir, die Klassenarbeit ruhig auf dich zukommen zu lassen. Du kannst in den Unterrichtsstunden davor locker mitmachen und musst nicht noch unter der Bank oder versteckt unter deinem Heft hektisch Informationen für die Klassenarbeit anschauen. Viele Schüler machen das, aber es ist leider reiner Selbstbetrug. Einerseits kannst du nicht so kurz vorher noch wirklich etwas Neues lernen, andererseits verpasst du den aktuellen Unterricht und gerätst vielleicht in einen Teufelskreis. Sage dir, dass du gut vorbereitet bist und gelassen bleiben kannst.
- *Nimm eine Armbanduhr mit und mache dir klar, wann die Klassenarbeit genau beginnt und zu Ende ist.* Für eine gute Zeiteinteilung ist eine Uhr notwendig. Jetzt hilft dir, dass du schon in deiner Vorbereitung mit dem Timer geübt hast. Teile die Zeit so ein, dass du am Schluss noch einmal alles genau durchlesen kannst.
- *Lies die Aufgaben ruhig und konzentriert durch und notiere die Hinweise, die dein Lehrer gibt.* Manchmal sagt der Lehrer zu Beginn der Klassenarbeit noch etwas Wichtiges. Höre gut zu, mache dir Vermerke auf deinem Aufgabenblatt und stelle eventuell Fragen. Lies dann die Aufgaben genau durch und lege die Reihenfolge für die Bearbeitung der Aufgaben fest. Achte darauf, dass du nicht zu lange bei einer Aufgabe verweilst. Du kommst oft auf eine höhere Gesamtpunktzahl, wenn du mehrere Aufgaben nur teilweise, statt eine Aufgabe vollständig gelöst hast, weil es für angefangene Aufgaben Teilpunkte gibt. Versuche, so viele Punkte wie möglich zu sammeln.

Checkliste zur Klassenarbeitsvorbereitung, zum Verhalten kurz vor und während der Klassenarbeit		
	ja	**nein**
Ich weiß genau, was ich lernen muss.	☐	☐
Ich beginne mindestens eine Woche vor der Arbeit zu lernen.	☐	☐
Ich übe zu Hause Probe-Klassenarbeiten mit dem Timer.	☐	☐
Ich besorge mir frühere Klassenarbeiten von meinem Lehrer.	☐	☐
Ich lerne mit Klassenkameraden zusammen.	☐	☐
Ich wiederhole alle Hausaufgaben, die ich falsch hatte.	☐	☐
Ich lerne nichts Neues am letzten Tag vor der Klassenarbeit.	☐	☐
Ich packe alles ein, was ich bei der Klassenarbeit brauche.	☐	☐
Ich halte mich vor der Klassenarbeit von nervösen Mitschülern fern.	☐	☐
Ich sage mir vor der Klassenarbeit, dass ich gut gelernt habe.	☐	☐
Ich habe eine Uhr dabei und weiß, wann ich abgeben muss.	☐	☐
Ich achte zu Beginn der Klassenarbeit auf die Hinweise des Lehrers.	☐	☐
Ich beginne mit der leichtesten Aufgabe.	☐	☐
Ich mache eine kleine Pause, wenn ich nervös werde.	☐	☐
Ich lese am Schluss noch einmal alles durch.	☐	☐
Ich gebe nicht zu früh ab.	☐	☐

3.2.4 Angst vor Lehrern und Mitschülern

Wer viel mit Schülern zu tun hat, ist immer wieder erstaunt darüber, wie viel Angst diese auch heute noch mit sich herumtragen. Das ganze Lebensgefühl kann dadurch beeinträchtigt sein. Damit du einmal siehst, mit welchen Ängsten auch andere zu kämpfen haben, sind unten Situationen aufgelistet, die leider fast jeder einmal in der Schule erlebt hat.

Schüler haben Angst davor, dass ihr Lehrer
- sie vor der ganzen Klasse lächerlich macht;
- an die Tafel holt und ihr Defizit bloßstellt;
- sie anschreit;
- sie beleidigend anredet, zum Beispiel „Bürschlein, Kleiner, Dicker, Zappelphilipp, Lady Gaga etc.";
- mit heftigen Strafen reagiert;
- ungerechte Noten gibt;
- sie nicht mag;
- sie bei anderen Lehrern anschwärzt;
- sie bei den Mitschülern schlecht macht;
- bei den Eltern anruft und von ihrem Verhalten in der Schule berichtet;
- Bestandteile von Elterngesprächen vor der Klasse ausplaudert;
- über eine Krankheit oder ein Problem berichtet, das in der Klasse keiner wissen soll;
- in der Klassenarbeit andere Dinge abfragt, als im Unterricht behandelt wurden;
- in der Klassenarbeit anderes abfragt, als angekündigt wurde;
- sie im Unterricht ermahnt.

Sicherlich ließe sich die Liste noch weiter fortsetzen. Das Schlimme an der Sache ist, dass die meisten derartigen Verhaltensweisen auf Missverständnissen beruhen. Was sich viele Schüler gar nicht vorstellen können, ist die Tatsache, dass auch Lehrer Angst vor ihren Schülern haben können. Diese Ängste unterscheiden sich in vielen Punkten überhaupt nicht von denen der Schüler. Auch Lehrer wollen vor der Klasse nicht bloßgestellt oder lächerlich gemacht werden.

Lasse doch mal deinen Unterricht in der Schule wie einen inneren Film vor dir ablaufen und überprüfe, wie es in deiner Klasse zugeht. Lehrer wünschen sich von ihren Schülern, dass

- sie gut im Unterricht aufpassen;
- sie sich aktiv am Unterricht beteiligen;
- sie Anweisungen befolgen;
- sie aufmerksam zuhören;
- sie sich nicht unter der Bank beschäftigen;
- sie das Handy auslassen;
- sie miteinander höflich umgehen;
- sie nach einem Spaß wieder konzentriert arbeiten;
- sie pünktlich kommen;
- sie nicht vorzeitig zusammenpacken;
- sie Interesse am Fach zeigen;
- sie ihre Hausaufgaben machen;
- sie ordentlich schreiben.

Kurz gefasst, Lehrer möchten von ihren Schülern respektvoll behandelt werden. Auch diese Liste könnte man weiter fortsetzen. Klar, dass es schwierig ist, all diese Standards zu befolgen. Das wissen auch die Lehrer. Aber auch sie stehen unter einem enormen Erfolgsdruck. Sie werden außer von den Schülern noch von ihren Kollegen, vom Schulleiter und von den Eltern kontrolliert, kritisiert und beurteilt. Selbstverständlich möchten Lehrer ihre Schüler zum Lernziel führen. Kannst du dich soweit in deinen Lehrer hineinversetzen, dass du das verstehst? Ist es zu viel verlangt, die obigen Grundregeln einzuhalten? Und wie ist das in deiner Klasse? Könnte es sein, dass das Verhältnis zu einem Lehrer getrübt ist, weil ihr gegen eine oder mehrere dieser Grundregeln verstoßt?

Wie falsch manche Schüler über ihre Lehrer denken, wird mit folgender wahrer Begebenheit deutlich.

Beispiel: Kathrin denkt „Mein Lehrer mag mich nicht“

Bisher war Kathrin immer eine gute Schülerin und kam mit ihren Mitschülern und mit ihren Lehrern bestens aus. In diesem Schuljahr ist alles anders. Sie geht nicht mehr gerne in die Schule und lässt den Kopf hängen. Das neue Fach Französisch mag sie gar nicht. Mit mehreren Sechsen in Tests ist das auch kein Wunder. Sie hat in ihrem Leben bis dahin noch nie eine schlechtere Note als Drei bekommen. Das war so ein Schock für sie, dass sie tagelang zu Hause weinte. Inzwischen hat sie vor jeder Französischstunde Angst. Ihr Lehrer, Herr Schulz, holt sie fast in jeder Stunde an die Tafel und fragt sie Wörter ab. Ihr Gehirn ist dann regelmäßig so blockiert, dass sie kein einziges Wort mehr richtig weiß oder schreiben kann. Äußerlich lässt sie sich nichts anmerken, aber innerlich zittert sie. Ihren Eltern hat sie verboten, mit dem Lehrer zu sprechen, weil sie Angst hat, dass er sie dann noch mehr fertigmacht. Sie ist fest davon überzeugt, dass der Lehrer sie hasst und deshalb so oft lächerlich macht.

In der Lernberatung zeige ich ihr, wie sie effektiver lernen und ihre Angst vor dem Lehrer und Französisch ablegen kann. Ganz nebenbei versuche ich ihr klar zu machen, dass ihr Lehrer sie ganz sicher nicht hasst. Selbstverständlich ist unser Gespräch streng vertraulich und Herr Schulz hat auch später nie etwas davon erfahren.

„Dein Lehrer holt dich so oft an die Tafel, weil er dir damit zeigen will, dass du ihm wichtig bist. Er möchte erreichen, dass du deine Wörter so gut lernst, dass du sie auch an die Tafel schreiben kannst. Er möchte dich mithilfe der ganzen Klasse dazu motivieren."

„Das glaube ich nicht. Er schaut mich immer so bissig an, er möchte mich reinlegen und vor der Klasse bloßstellen. Er spricht mit einer schneidend scharfen Stimme mit mir."

Da sie die Lerntipps bereitwillig sofort ausprobiert, hat sie auch sehr bald einen ersten Lernerfolg. Ein paar Wochen später treffe ich sie auf dem Heimweg. Sie sagt mir im Vertrauen:

„Es stimmt, Sie haben Recht und ich habe mich getäuscht, Herr Schulz hasst mich wirklich nicht. Er hat mir ein Lob auf meinen letzten Test geschrieben und holt mich auch nicht mehr an die Tafel. Jetzt freue ich mich sogar auf die Französischstunde."

4 Bedingungen für ganzheitliches Lernen

In Teil 4 geht es um eine ganzheitliche Betrachtungsweise des Lernens, die weit über das schulische Lernen hinausgeht. Es geht um Synergieeffekte, die durch die Ausübung einer Sportart und das Erlernen eines Musikinstrumentes entstehen. Dann wird gezeigt, welche positiven Wirkungen Entspannung mittels Fantasiereisen, eine auditive Lernmethode durch Einsatz eines MP3-Players, ausreichender Schlaf und die Ernährung entfalten können.

4.1 Sport

4.1.1 Sport macht schlau

Das kannst du nicht glauben? Das klingt wie ein Märchen in deinen Ohren? Tatsächlich darfst du es glauben. Neueste Studien beweisen, dass es wirklich wahr ist. Die Gehirnzellen werden durch Bewegung angeregt, zu arbeiten. Du kannst es gleich mal ausprobieren. Wenn du gerade einen Durchhänger hast, dann jogge doch sofort zehn Minuten, dann hast du den Beweis, die Gehirnzellen sind danach aktiver. Der Experte Frieder Beck ist Sportwissenschaftler, Hirnforscher, Gymnasiallehrer für Mathematik und Sport und Trainer der Deutschen National-Mannschaft im Ski-Freestyle (Beck, 2014) und hat sich über Jahre hinweg intensiv mit den positiven Effekten von Bewegung auf die geistige Leistung befasst. Es gibt Studien, welche einen Zusammenhang zwischen Fitness und Schulnoten bei Schülern nachwiesen. Kurz gesagt: Je fitter, desto besser in der Schule.

Deutschland liegt in punkto Fitness in Europa in der Mitte. In Skandinavien sind die Menschen aktiver als hier. Leider ist in Deutschland der Zusammenhang zwischen Bewegung und deren Nutzen noch kein Allgemeingut. In vielen Schulen wurden sogar die Sportstunden reduziert. Das ist bedenklich. Abhilfe kannst du selbst schaffen, indem du dich unabhängig von den Schulstunden sportlich betätigst.

Treibe Sport, weil

- deine gesamte Durchblutung verbessert wird und das Gehirn dadurch mehr Sauerstoff aufnimmt;
- denkschädliche Stresshormone abgebaut werden;
- vermehrt Botenstoffe im Gehirn aktiv werden;
- dein Immunsystem gestärkt wird;
- Glückshormone aktiviert werden und sich deine Stimmung verbessert;
- viele Sinne angeregt werden und sie dann besser reagieren können;
- die Neubildung und Vernetzung von Gehirnzellen gefördert wird;
- das Absterben von Gehirnzellen verzögert oder verhindert wird.

Diese positiven Effekte stellen sich nur ein, wenn du den für dich geeigneten Sport treibst. Erzwungene Kraftakte bringen nichts. Wähle deine Sportart freiwillig und achte darauf, dass sie dir wirklich Spaß macht. Überprüfen kannst du das damit, dass du dich auf das Training freust. Trainiere intensiv und regelmäßig, aber übertreibe nicht.

Hier eine *Auswahl an Sportarten*, die du wahlweise allein, zu zweit oder in einer kleinen Gruppe ausüben kannst:

- *Zumba* ist ein Fitness-Konzept das Latino-Rhythmen und internationale Musik mit einem Workout-Programm kombiniert. Ein Grund für seine Beliebtheit ist die Verbindung von tänzerischem Spaß und dem Verbrennen von bis zu 1.000 Kalorien in der Stunde. Es ist eine Alternative zum Joggen und hat die gleiche positive Wirkung auf Körper und Geist.
- *Walking* ist schnelles, sportliches Gehen. Es ist bequemer als Jogging, bringt aber auch Sauerstoff in die Zellen und schont die Gelenke. Zähle eine Minute lang deine Schritte. Bei einem Ergebnis von 130 spricht man von schnellem Walking. Musik kann hilfreich sein, wenn du länger durchhalten möchtest.
- *Turnen* bietet durch die verschiedenen Geräte eine Menge Abwechslung, fördert die Konzentrationsfähigkeit und ein gutes Körpergefühl. Neue Übungen sind zum Teil große Herausforderungen.
- *Tanzen/Ballett* ist gut für die Feinmotorik und das Balancegefühl. Der Rhythmus bringt den ganzen Menschen in Schwung. Es macht Spaß, sich zur Musik zu bewegen.

- *Judo* ist eine japanische Kampfsportart und seit 1964 eine olympische Disziplin. Schon Kinder im Vorschulalter können durch Judo Bewegung und Spiel lernen, Gelenkigkeit und Schnelligkeit verbessern, ihre Körperhaltung und ihren Gesamtorganismus trainieren. Außerdem stärken sie ihr Selbstvertrauen.
- *Jonglieren* fördert Konzentrationsfähigkeit, Reaktionsschnelligkeit, das räumliche Vorstellungsvermögen, Rhythmus- und Gleichgewichtsgefühl und steigert das körperliche und geistige Wohlbefinden. Probiere es doch einmal mit drei weichen Bällen aus.
- *Skifahren* ist eine typische Wintersportart und hat einen hohen Erlebniswert. Du brauchst unbedingt einen professionellen Unterricht. Am besten machst du mehrere Skikurse in der Gruppe. Das macht viel Spaß und die frische Luft tut gut.
- *Inline-Skating* hat sich vom Trend- zum Volkssport entwickelt. Skaten ist eine Art der Fortbewegung unter Verwendung des Schlittschuhschritts. Kinder können es ab sechs Jahren lernen. Hier werden Beweglichkeit, Koordination und Kraft trainiert. Es besteht große Verletzungsgefahr. Deshalb brauchst du eine gute Schutzausrüstung. Du musst unbedingt immer einen Helm und Knieschützer tragen. Am besten machst du einen Bremskurs mit!
- *Tischtennis* fördert Konzentration und schnelles Reagieren. Bei einer Studie des Zentrums für Gesundheit der Deutschen Sporthochschule Köln aus dem Jahr 2009 kam Tischtennis auf Platz 1 der Rangliste über den Zusammenhang zwischen Notendurchschnitt und Sportart.
- *Trampolin* macht viel Spaß, baut Stress ab, trainiert den Gleichgewichtssinn. Trampolinspringen ist für den Körper dreimal effektiver als Joggen und schont außerdem die Gelenke. Es verbessert die Sauerstoffzufuhr, die Konzentrationsfähigkeit, beugt Koordinations- und Gleichgewichtsstörungen vor und stärkt das Herz-Kreislaufsystem. Bereits leichtes Gehen auf dem Trampolin regt die Venenpumpe an und beugt Krampfadern vor.
- *Schwimmen* ist unter den Ausdauersportarten der gesündeste Sport. Die entspannende Wirkung des Wassers hat einen positiven Einfluss auf die Psyche. Schwimmen bringt das gesamte Herz-Kreislauf-System in Schwung. Es ist gut für die Muskulatur, schont die Gelenke und macht gute Laune. Richtig Schwimmen lernen Kinder ab sechs Jahren.

- *Tennis* macht Spaß, benötigt Siegeswillen und Kampfgeist, trainiert die Reaktionsfähigkeit, die Koordination und die Gelenkigkeit sowie die Kondition durch das Laufen. Es fördert Stressabbau, Ausdauer und Fitness.

In Deutschland gibt es etwa 90.000 Sportvereine, welche die oben vorgestellten und noch viele andere Sportarten anbieten. Besonders gut geeignet ist ein Sportverein für die beliebten Mannschaftssportarten. Jede Sportart hat ihre ganz spezifischen Vor- und Nachteile.

Mannschaftssportarten

Fußball. Viele Väter freuen sich, wenn ihr Sohn oder ihre Tochter Fußball spielt. Was ist dabei zu beachten? Beim Fußball brauchst du als Voraussetzung vor allen Dingen Ausdauer und Durchhaltevermögen. Trainiert wird Schnelligkeit und Koordination. Der Fußball verlangt Sprints, Krafteinsatz und Ballgefühl. Außerdem musst du Teamgeist mitbringen. Dann wirst du viel Spaß haben und deine Freizeit sinnvoll mit Gleichgesinnten verbringen. Fußball ist aber auch eine Sportart mit einer hohen Verletzungsgefahr. Das kommt einerseits davon, dass besonders viele Menschen Fußball spielen, andererseits sind viele von diesen Spielern auch nur Gelegenheitsspieler ohne Training. Regelmäßiges Trainieren hilft Verletzungsgefahren zu reduzieren.

Volleyball. Eine andere beliebte Gruppensportart ist Basket- oder Volleyball. Viele Kinder mögen Ballspiele, weil damit eine große Spannung verbunden ist. Es gibt einen Wettbewerb, Sieger und Verlierer. Volleyball trainiert ebenfalls Schnelligkeit und Konzentration, Aufmerksamkeit und Geschicklichkeit. Auch die soziale Kompetenz und der Teamgeist werden gestärkt und dies alles verbunden mit dem Vorteil von viel weniger Sportverletzungen als beim Fußball.

Beach-Volleyball ist eine olympische Mannschaftssportart. Es ist ein beliebter Teamsport, um sich fit zu halten. Der gesamte Körper wird beansprucht. Gefördert werden Beweglichkeit, Reaktionsschnelligkeit, Konzentration und soziale Kontakte.

Einzelsportarten

Jogging. Wenn du regelmäßig mindestens 30 Minuten läufst, wirst du die positiven Auswirkungen deines Lauftrainings am eigenen Körper spüren. Die wichtigsten habe ich hier zusammengetragen. Vieles gilt genauso bei anderen Sportarten.

- Jogging wirkt wie eine Sauerstoffdusche und hat einen positiven Effekt auf das Herz-Kreislauf-System. Wenn du nebenher plaudern kannst, dann ist es auch ein idealer Stresskiller.
- Du kannst mehr essen als sonst, ohne zuzunehmen.
- Du wirst geistig wacher und flexibler.
- Du wirst kreativer, weil beim Laufen die rechte Gehirnhälfte angeregt wird, und diese ist für kreatives Denken zuständig.
- Du fühlst dich ausgeglichener und kannst deine Aufgaben konzentrierter erledigen.
- Deine Blut- und Blutdruckwerte verbessern sich.
- Dein Herz wird kräftiger.
- Dein Immunsystem wird stabiler. Du bekommst nicht mehr so oft eine Erkältung.

Wie wichtig das regelmäßige und langfristige Trainieren ist, zeigt folgendes Forschungsergebnis. Nach etwa 12 Wochen regelmäßigen Laufens stellt sich dein Organismus auf Fettverbrennung um. Dein Blutzuckerspiegel bleibt stabil und du kannst besser denken, wirst weniger schnell müde, kannst dich besser konzentrieren und verlierst dich weniger in Tagträumen. Dein Körpergewicht bleibt deshalb stabil, weil du durch das Laufen im Sauerstoffüberschuss nach dem Training weniger Hunger hast als sonst und somit weniger Nahrung zu dir nimmst. Bestimmt hast du schon in der Schule und in der Freizeit festgestellt, dass deine sportlichen Mitschüler meistens fröhlicher und selbstbewusster als die anderen sind. Bei einem Lauftraining von mehr als einer halben Stunde werden in deinem Körper Glückshormone (Endorphine) freigesetzt, dadurch steigern sich deine Begeisterungsfähigkeit und deine Lebensfreude. Es wird auch mehr von dem Glücksbotenstoff Serotonin produziert. Viele Menschen könnten durch eine regelmäßige, vernünftige sportliche Betätigung ihre Ausgaben für Arzneimittel gegen Depressionen vermindern.

Radfahren. Freiherr Karl von Drais hat die erste Fahrmaschine 1816, damals noch in Holz, erfunden. Leider war es ihm nicht vergönnt, die wohlverdiente Anerkennung für seine Erfindung zu erleben. Im Gegenteil, er musste Hohn und Spott erdulden, weil seine Mitmenschen die Tragweite seiner Erfindung nicht erkannten. Unvorstellbar wie sich das Fahrrad und das Fahrradfahren seitdem weiterentwickelt haben. Nebenbei: Fahrräder mit Elektromotor liegen zwar voll im Trend, sind aber für Kinder unter 14 Jahren nicht geeignet, weshalb ich darauf nicht eingehe.

Inzwischen sitzen kleine Kinder, Teenager, Erwachsene und Senioren bei jedem Wetter auf ihren Drahteseln, um Strecken zurückzulegen, Spaß zu haben und um den Körper fit zu halten. Das Fahrrad wird zur Fahrt zur Schule oder zum Arbeitsplatz, zum Einkaufen oder zum Training benutzt. Es ist aus unserem Leben einfach nicht mehr wegzudenken. Es ist heute in jeder Preisklasse und Ausstattung zu haben. Um etwas für die Gesundheit zu tun, genügt bereits ein preisgünstiges, vom TÜV geprüftes Fahrrad.

Du förderst
- deine Fitness,
- deine Sauerstoffaufnahme,
- deine Schnelligkeit,
- deine Kraft,
- deine Koordinationsfähigkeit,
- deinen Gleichgewichtssinn,
- deine Konzentrationsfähigkeit,
- den Abbau von überschüssigem Fett
- und dein Gehirn produziert Glückshormone.

Allerdings musst du beim Fahrradfahren aufpassen und die Verkehrsregeln einhalten.

Merke:

In manchen Städten wird ein Fahrradtraining mit Fahrrad-Führerschein für Kinder und Jugendliche angeboten.

Das ist sehr empfehlenswert, weil es deine Sicherheit im Straßenverkehr erhöht. Fahre, wenn möglich, auf Radwegen. Besonders aufpassen musst du beim Vorbeiradeln an geparkten Autos. Falls jemand für dich unsichtbar plötzlich die Autotür von innen öffnet, könntest du in die Tür rasen.

Radsport ist sogar für Menschen mit Rücken-, Gelenk- sowie Herz-Kreislaufproblemen empfehlenswert, wenn sie sich an folgende Grundregeln halten: Langsam mit dem Training beginnen, anfangs nur einige Minuten bei leichter Belastung, dann sehr langsam die Anstrengung steigern und sich ruhig monatelang Zeit lassen zur Belastungssteigerung.

Wichtig: Falls Pausen durch Urlaub oder Krankheit entstehen, darf man nicht so weitermachen, wie man aufgehört hat. Das Training muss wieder ganz von vorne beginnen. Die Muskeln sind wieder erschlafft, sie müssen wieder ganz von Anfang an trainiert werden. Natürlich gilt das auch für gesunde Personen nach Trainingspausen bei jeder Sportart und in jedem Alter. Überfordere nach solch einer Pause deinen Körper nicht. Sonst ist der Schaden größer als der Nutzen.

Jetzt hast du keine Ausrede mehr. Nichts wie rauf auf den Drahtesel und raus in die schöne Natur!

Mit den vorgestellten Sportarten sollte dir eine Auswahl aus all den vielen Sport- und Fitnessmöglichkeiten geboten werden, sodass du dich angeregt fühlst und Lust bekommst, selbst etwas zu unternehmen. Auch zahlreiche Firmen haben inzwischen erkannt, dass Bewegung den Körper und den Geist fit macht und das kreative Potenzial der Mitarbeiter steigert. Sie bieten in den Pausen und am Feierabend Trainingsmöglichkeiten an.

4.1.2 Bewegung und Lernen

Schüler verbringen zwangsläufig viele Stunden am Tag im Sitzen beim Unterricht in der Schule und danach beim Hausaufgabenerledigen. Wenn dann noch stundenlanges Fernsehen und Beschäftigen mit Bildschirmmedien dazu kommen, ist Bewegungsmangel vorprogrammiert.

Das Ergebnis einer großangelegten Befragung hat es an den Tag gebracht: Zu viele Schüler bewegen sich zu wenig! Was soll daran problematisch sein? Das Biosystem Mensch ist von seiner Entwicklung her für Bewegung konstruiert. Bleibt diese aus, stellen sich nach und nach zahlreiche negative Folgen ein. So kann man zu Fettleibigkeit neigen mit der Folge von verschiedensten Organschädigungen zum Beispiel bei Herz und Kreislauf. Aber auch der mangelnde Muskelaufbau kann zu einer Knochenschädigung führen. Sogar ADHS wird mit Bewegungsmangel in Verbindung gebracht, weil der angeborene Bewegungsdrang nicht ausgelebt werden kann.

Du kannst diesen Gefahren vorbeugen, indem du verschiedene Sportarten ausprobierst. Dabei wirst du automatisch verschiedene motorische Programme erlernen. Je mehr Bewegungsabläufe du als junger Mensch beherrschst, umso leichter hast du es später, und zwar körperlich und geistig. Du wirst später neue Sportarten wesentlich schneller lernen als ein Ungeübter. In der modernen Hirnforschung konnte nachgewiesen werden, dass Vorkenntnisse eine wichtige Funktion bei der Gedächtnisbildung haben. Dies gilt natürlich auch für gelernte motorische Abläufe.

Mit KiGGS Welle 1 (Studie zur Gesundheit von Kindern und Jugendlichen in Deutschland) hat das Robert Koch-Institut von Juni 2009 bis Juni 2012 Daten von über 12.000 Kindern und Jugendlichen gesammelt. Ziel ist es, Entwicklungstrends der gesundheitlichen Lage und Entwicklung von Heranwachsenden zu analysieren. Bisher wurde festgestellt, dass ca. 60 % der 11- bis 13-Jährigen in Deutschland in mindestens einem Sportverein Mitglied sind. Es zeigt sich allerdings, dass davon nur die Hälfte mindestens einmal pro Woche trainiert. Leider bewegen sich Kinder im Alltag zu wenig. Durch eine Stunde Vereinssport in der Woche kann das nicht ausgeglichen werden.

Ein Blick auf die motorische Leistungsfähigkeit zeigt große Defizite. Etwa die Hälfte schafft den Test auf Beweglichkeit mittels der Rumpfbeuge nicht. Probiere es doch selbst einmal aus. Stelle dich ohne Schuhe mit geschlossenen Beinen auf den Boden. Führe nun eine Rumpfbeuge vorwärts mit gestreckten Knien aus. Kannst du den Boden mit den Fingerspitzen berühren. Kannst du auch auf einer geraden Linie rückwärts balancieren? Dann gehörst du auf jeden Fall schon mal zu den beweglicheren 50 %.

Experten sehen in der zunehmenden Bewegungsarmut der Kinder und Jugendlichen einen Zusammenhang mit dem schlechten Ergebnis der PISA-Studie. Nach ärztlichen Schätzungen haben in Deutschland 20 % der Kinder Übergewicht, 60 % leiden an Haltungsschäden, 40 % haben Koordinationsprobleme und 25 % leiden an Herz- und Kreislaufschäden. Verschiedene Sportmediziner und Kinderärzte kritisieren die vernachlässigte Wertigkeit des Sportunterrichts in der Schule. Sie wünschen sich einen höheren Stellenwert für Bewegungsaktivitäten in unserer Gesellschaft. Sie fordern tägliche Bewegungszeiten bereits im Kindergarten. In der Schule müssten diese Teil des Stundenplans werden. Aber auch die Eltern sollten mit ihren Kindern wieder mehr spielen und Sport treiben. Als Gefahr für die Gesundheit sehen Mediziner neben Bewegungsmangel, zu intensiver Mediennutzung oder ungesunder Ernährung auch eine fehlende positive Vorbildfunktion von Eltern.

Sauerstoff steigert die geistige Leistungsfähigkeit

Zahlreiche Studien der vergangenen Jahre haben bewiesen: Wer Sport treibt, trainiert nicht nur seinen Körper, sondern auch sein Gehirn. Am Montreal Heart Institute in Kanada führten Forscher im Jahr 2014 zum wiederholten Male eine Studie mit unsportlichen Erwachsenen durch. Sie mussten zweimal wöchentlich ein intensives Intervalltraining machen. Nach nur vier Monaten konnten die Wissenschaftler nachweisen, dass sich nicht nur die körperliche Kondition der Teilnehmer deutlich verbessert hat, sondern auch deren geistige Leistungsfähigkeit.

Schon 1999 beschrieb Professor Dr. Wildor Hollmann von der Deutschen Sporthochschule Köln, dass regelmäßiges Training nicht nur die körperliche, sondern auch die geistige Leistungsfähigkeit steigert. Er setzte Versuchspersonen auf den Fahrradergometer. Bereits bei einer Leistung von 25 Watt nahm die Blutversorgung des Gehirns um 15 % zu. Bei 100 Watt, soviel Energie verbrauchst du bei einer gemütlichen Radtour, strömten bis zu 25 % mehr Blut ins Gehirn, um die grauen Zellen mit Sauerstoff und Nährstoffen zu versorgen.

Der Mensch braucht Sauerstoff für seinen gesamten Organismus. Beim Laufen wird der Körper mit ungefähr achtmal so viel Luft versorgt, wie wenn er auf dem Sofa relaxt. Mehr Luft bedeutet mehr Sauerstoff, mehr Sauerstoff erhöht den Kalorienumsatz und bewirkt damit sogar eine gewisse Gewichtsabnahme sowie eine bessere Versorgung des Herzmuskels. Allerdings darf man sich nicht zu sehr verausgaben, sonst hat man nicht zu viel, sondern zu wenig Sauerstoff im Körper. Achte also beim Laufen darauf, dass du nicht aus der Puste gerätst. Du musst dich nebenbei immer noch mit einem Mitläufer unterhalten können, ohne zu japsen.

Unser Gehirn braucht Sauerstoff. Es braucht sogar sehr viel davon. Das Gewicht des Gehirns entspricht zwar nur ca. 2 % des Körpergewichts, verbraucht aber mindestens 20 % des eingeatmeten Sauerstoffs. Deshalb solltest du auch nicht ohne Pause viele Stunden lang lernen. Geh zwischendurch ins Freie. Mach Atemübungen. Mit Dehnübungen, die du im Sportunterricht gelernt hast, kannst du auch Verspannungen im Nacken oder Rücken wieder abbauen. Auch diese schmerzhaften Muskelverhärtungen können dein Denken blockieren. Lass frische Luft in dein Zimmer. Öffne die Fenster regelmäßig, übrigens auch in der Schule. Achte darauf, dass in allen Pausen in deinem Klassenraum die Fenster geöffnet werden. Der Fachbegriff „Adaption“ drückt aus, dass unser Geruchssinn ermüdbar ist. Das bedeutet, dass man nach kurzer Zeit den Mief in einem Raum nicht mehr wahrnimmt.

Hast du schon einmal miterlebt, wie jemand in Ohnmacht gefallen ist? Er hat sich wahrscheinlich zuerst einmal schwindelig und ein bisschen wackelig auf den Beinen gefühlt, dann ist es ihm schwarz vor den Augen geworden und zack, liegt er blitzschnell am Boden. Was ist geschehen? Der Körper hat sich selbst geholfen. Wenn der Mensch am Boden liegt, wird sein Gehirn wieder besser durchblutet und bekommt dadurch wieder mehr Sauerstoff. Ein Mensch fällt in Ohnmacht, wenn das Gehirn zu wenig Sauerstoff erhält. Die Blutgefäße im Körper erweitern sich und das Blut sackt nach unten. Dabei sinkt der Blutdruck und das Herz hat zu wenig Kraft, das Blut ins Gehirn zu pumpen. Du siehst, der Körper reagiert sehr empfindlich auf Sauerstoffmangel im Gehirn. Zehn Sekunden Unterbrechung der Sauerstoffzufuhr genügen und man wird ohnmächtig. Bei vier Minuten Unterbrechung kommt es schon zu starken, irreparablen Schäden.

Es ist ein wichtiges Erkennungsmerkmal von Stress, dass sich der Sauerstoffgehalt des Blutes plötzlich und manchmal für lange Zeit vermindert. Das wiederum bewirkt Energiemangel und Leistungsminderung, kann aber auch zu weiteren gesundheitlichen Schäden führen. Auch die körperliche Immunabwehr wird stark geschwächt. In stressreichen Zeiten kommt deshalb zu den ganzen Belastungen noch eine angeschlagene Gesundheit, vielleicht sogar ein grippaler Infekt dazu. Ohne Sauerstoff ist kein Leben möglich.

Lernen beim Spazierengehen

Nach allem, was du bisher über Bewegung und Sauerstoff gelesen hast, kann dich dieser Tipp nicht mehr wundern. Du weißt inzwischen, dass dein Gehirn mit mehr Sauerstoff besser arbeitet und deine Denk- und Merkleistung damit verbessert wird. Im Sitzen nimmt dein Körper etwa 250 ml Sauerstoff pro Minute auf, beim Spazierengehen 500 ml pro Minute und beim Joggen sogar 2.000 ml pro Minute. Je nach Lernstoff kann es also sehr günstig für dich sein, im Gehen zu lernen. Nicht jeder Weg eignet sich allerdings zum Lernweg. Es muss ein reiner Fußweg ohne Fahrräder oder gar Autos sein. Es darf aber auch kein Trampelpfad durch den Wald sein, bei dem du auf umgestürzte Bäume, Gestrüpp und Wurzeln achten musst. Wenn du solch einen bequemen Weg kennst, dann kannst du dort zum Beispiel Vokabeln lernen oder einen anderen Wiederholungsstoff einüben. Viele Schauspieler lernen ihre langen Texte am besten im Gehen. Menschen, die über ein Problem sehr konzentriert nachdenken müssen, gehen häufig ganz unbewusst im Raum hin und her.

4.1.3 Geistiges Spazierengehen – die Loci-Methode

Schon Cicero hat bei seiner Vorbereitung auf eine Rede eine Methode benutzt, die auch heute im modernen Gedächtnistraining sehr aktuell ist. Diese Methode heißt Loci-Methode oder auch Routenmethode. Man merkt sich beim Gang durch ein Zimmer oder eine Wohnung der Reihe nach Stellen als Verankerungsplätze für Dinge, welche man sich einprägen möchte.

Merke:

Wie wirksam diese Methode ist, kannst du auch daran erkennen, dass der achtfache Gedächtnisweltmeister Dominic O'Brien damit arbeitet.

Es handelt sich hierbei um eine genial einfache Methode, um sich gewisse Schlüsselbegriffe eines Themas zu merken. Die Methode besteht aus vier Schritten, die jetzt mit einem ausführlichen Beispiel erklärt werden.

Beispiel: Loci-Methode bei einer Lernaufgabe aus der Geografie anwenden

Seit 1. Januar 2002 sind die Banknoten und Münzen des Euro im Umlauf. Inzwischen haben folgende 19 der 28 Länder der Europäischen Union (EU) den Euro als gemeinsame Währung eingeführt (In Klammern steht die gerundete Fläche in Quadratkilometern.): Belgien (30.500), Deutschland (357.000), Estland (45.000), Finnland (338.100), Frankreich (544.000), Griechenland (132.000), Irland (70.300), Italien (301.300), Lettland (64.600), Litauen (65.300), Luxemburg (2.600), Malta (316), Niederlande (37.400), Österreich (83.900), Portugal (92.300), Slowakei (48.800), Slowenien (20.200), Spanien (504.800), Zypern (9.200).

Aufgabe: Lerne die zehn größten EURO-Länder nach Größe geordnet auswendig.

Schritt 1: Du legst eine Route mit verschiedenen Verankerungsplätzen fest. Du gehst in Gedanken durch deine Wohnung und wählst in der natürlichen Reihenfolge Plätze aus, an denen du Gegenstände deponieren kannst. Diese Verankerungsplätze musst du so stark verinnerlichen, dass du sie dir in der richtigen Reihenfolge jederzeit vollständig vorstellen kannst. Wie so ein Gang durch deine Wohnung aussehen könnte, demonstriere ich mit folgendem Text (die Verankerungsplätze sind kursiv gedruckt).

Gleich neben der Tür befindet sich links eine Garderobe mit leeren *Kleiderbügeln* (1), daneben steht ein großer *Kleiderschrank* (2), es folgt ein großer *Sessel* (3), ein weißer *Kühlschrank* (4) und eine moderne *Kommode* mit Schubladen (5). Sie steht auf einem bunten *Teppich* (6), darüber ist das hölzerne *Bücherbrett* (7), in der Ecke ein niedriges *Nachtkästchen* (8) und daneben das metallene *Bett* (9) und unter dem Bett liegt ein blauer *Koffer* (10).

Wenn du dir später noch mehr Begriffe merken möchtest, kannst du dein Badezimmer dazu nehmen und hier beispielsweise Handtuchhalter, Waschbecken, Ablage, Duschkabine als Verankerungsplätze auswählen.

Schritt 2: Ordne die Länder neu. Beginne mit dem größten Land. In unserem Beispiel also: Frankreich, Spanien, Deutschland, Finnland, Italien, Griechenland, Portugal, Österreich, Irland und Litauen.

Schritt 3: Überlege dir zu jedem zu merkenden Land einen typischen Gegenstand oder eine Eselsbrücke, zum Beispiel zu Frankreich den Eifelturm.

Schritt 4: Verbinde die zu lernenden Begriffe mit den Verankerungspunkten gedanklich durch eine lustige, bewegte und absurde Geschichte.

Nun gehst du in Gedanken wieder durch dein Zimmer und legst an den Ankerplätzen der Reihe nach typische Gegenstände der Länder ab. Du gestaltest deine Geschichte möglichst übertrieben und lustig.

So kannst du dir die zehn größten EURO-Länder in der richtigen Reihenfolge einprägen:

1. Du hängst ein schweres Modell des *französischen Eifelturms* an einen *Kleiderbügel*, es ist so schwer, dass es herunter kracht und auf deinen Fuß fällt, sodass du vor Schmerz einen Schrei ausstößt.
2. Du öffnest den *Kleiderschrank*, wirfst alles aus dem oberen Fach auf den Boden, um Platz für einen typischen *spanischen* Sonnenhut, den *Sombrero*, zu schaffen.
3. Du nimmst drei Farbtöpfe in Schwarz, Rot und Gold und malst die *deutsche* Flagge *„Schwarz-Rot-Gold“* auf den *Sessel.* Du lässt dich glücklich und entspannt in deinen Sessel sinken und hast die farbigen Streifen auf deinem Rücken.
4. Du öffnest die *Kühlschrank*-Türe, Kälte schlägt dir entgegen und du stellst eine *finnische* Miniatur-*Sauna* hinein, sodass deine ganze Küche in Dampf gehüllt wird.
5. Deine *Kommode* quillt über von leeren *italienischen Pizza*-Schachteln, du kannst die Schubladen nicht einmal mehr schließen.
6. Du setzt dich auf den bunten *Teppich*, der dich plötzlich als fliegender Teppich aus dem Fenster trägt und der schließlich sanft auf einem *griechischen* Tempel in Athen landet. Du machst ein Selfie mit dem Tempel im Hintergrund.
7. Dein *Bücherbrett* biegt sich bedrohlich unter der Last der vielen Bücher über den *portugiesischen* Fußball-Star *Cristiano Ronaldo.*

8. Als Betthupferl legst du dir Hunderte von österreichischen *Mozartkugeln* in dein *Nachtkästchen*. Sobald du die Schublade herausziehst, kugeln sie dir entgegen und in deinem Zimmer herum.
9. Auf deinem *Bett* stapeln sich Dutzende Päckchen mit *irischer Butter*. Da es schön warm ist in deinem Zimmer, ist die Butter inzwischen weich geworden und tropft auf den Boden.
10. Um dir *Litauen* zu merken, hilft dir eine kleine Eselsbrücke. Du veränderst Litauen zu *Lied*. Du ziehst den *Koffer* unter dem Bett hervor, aus ihm dröhnt dir ein lautes *Lied* entgegen, du öffnest den Koffer und entdeckst den MP3-Player.

Hast du dir alles merken können? Schließe die Augen und versuche, dir alles bildlich vorzustellen. Vielleicht fällt dir das schwer, weil es eben nicht deine eigenen vier Wände sind.

Tabelle 4: Kurzfassung des Beispiels

Ankerplätze in deiner Wohnung in der richtigen Reihenfolge	**Zu merkende Länder**	**Ländertypische Gegenstände**
Kleiderbügel	Frankreich	Eifelturm
Kleiderschrank	Spanien	Sombrero
Sessel	Deutschland	Schwarz-Rot-Gold-Flagge
Kühlschrank	Finnland	Sauna
Kommode	Italien	Pizza
Teppich	Griechenland	Tempel
Bücherbrett	Portugal	Cristiano Ronaldo
Nachtkästchen	Österreich	Mozartkugeln
Bett	Irland	Butter
Koffer	Litauen	Lied

Nun kannst du die Geschichte so verändern, dass sie zu deiner Wohnung passt. Du prägst dir eine genaue Reihenfolge von Verankerungsplätzen in deinem Zuhause ein, auf denen du typische Gegenstände aus dem betreffenden Land deponierst, oder du erfindest, wie im Fall 10, eine geeignete Eselsbrücke.

Übrigens: Die Wirksamkeit der Loci-Methode beruht auf dem speziellen räumlichen Erinnerungsvermögen unseres Gehirns, mit dem wir uns in der Welt orientieren können.

Übung: Und nun bist du dran

Aufgabe: Merke dir die folgenden Länder, die seit dem 1. Mai 2004 der EU beigetreten sind. Lerne sie der Größe nach geordnet auswendig. In Klammern steht die Einwohnerzahl in Millionen.

Estland (1,3), Lettland (2,0), Litauen (2,9), Malta (0,4), Polen (38,5), Slowakei (5,4), Slowenien (2,0), Tschechische Republik (10,5), Ungarn (9,9) und Zypern (1,1).

Mit der vorgestellten Methode kannst du für jedes beliebige Fach Sachverhalte auswendig lernen.

Kurzfassung der Loci-Methode für zu lernende Texte

1. Lege eine Route mit verschiedenen Verankerungsplätzen fest, zum Beispiel in deiner Wohnung.
2. Ordne oder markiere der Reihe nach die wichtigsten Schlüsselbegriffe im Text, zum Beispiel die Ländernamen.
3. Überlege zu jedem Schlüsselbegriff einen typischen Gegenstand oder eine Eselsbrücke, zum Beispiel zu Frankreich den Eifelturm.
4. Verbinde nun die typischen Gegenstände möglichst lustig, übertrieben, bewegt und absurd mit den Ankerplätzen, zum Beispiel den Eifelturm am Kleiderbügel.

Tipp:

Verankerungspunkte kannst du auch an anderen Orten festmachen, zum Beispiel in deinem Klassenzimmer, deiner Schule, auf einem Spaziergang oder einer Reise. Deiner Fantasie sind da keine Grenzen gesetzt.

4.2 Musik

4.2.1 Was bewirkt das Musizieren?

Der Berliner Musikpädagoge Hans Günther Bastian hat in einer Studie (Bastian, 2007) über sechs Jahre lang den Einfluss der Musik auf die Entwicklung von Grundschulkindern erforscht, die Ergebnisse von Medienberichten dazu aufgegriffen und in die Öffentlichkeit getragen. Die schulischen Leistungen von Kindern mit zwei Stunden Musikunterricht pro Woche waren oft auch in den Fächern Mathematik, Geometrie, Deutsch und Englisch besser als bei den Kindern, die nur eine Stunde Musikunterricht hatten. Insgesamt konnte er feststellen, dass bei den Kindern mit verstärktem Musikunterricht nachweislich ein IQ-Zugewinn von bis zu 6 Punkten zu verzeichnen war. Es kam zu einer Verminderung von Konzentrationsschwächen, zur Stärkung der Kreativität und zu einer Verbesserung der sozialen Kompetenz. Das kameradschaftliche Verhalten der Mitschüler war in den Musikklassen besser. In diesen Klassen wurden nur halb so viele Schüler von den anderen abgelehnt.

Merke:

Voraussetzung für alle diese positiven Wirkungen ist das aktive Musizieren über einen Zeitraum von mindestens vier Jahren. Passive Berieselung mit Musik zeigt keinen Erfolg.

Wer mit dem Erlernen eines Musikinstrumentes begann, bevor er sieben Jahre alt war, verfügt meistens über einen besseren Informationsaustausch zwischen den beiden Hirnhälften.

Sogar heilen kann Musik (Bernard, 2015). Sie synchronisiert die Atmung, lenkt vom Schmerz ab und verbessert das Immunsystem. Michael Taut, Direktor am Zentrum für biomedizinische Musikforschung der Colorado State University, berichtet von wahren Wundern. Gelähmte hätten durch Musik das Gehen und Stumme das Sprechen wieder erlernt.

Ein Instrument spielen zu lernen, gehört zu den komplexesten menschlichen Tätigkeiten. Dabei wird die Motorik geschult, die präzise Koordination beider Hände geübt, räumliches Vorstellungsvermögen benötigt und abstraktes und komplexes Denken gefördert.

Der bekannte Neurowissenschaftler und Psychiater Prof. Dr. Dr. Manfred Spitzer schreibt in seinem Buch *Musik im Kopf: Hören, Musizieren, Verstehen und Erleben im neuronalen Netzwerk* (Spitzer, 2014) über die positiven Auswirkungen beim Umgang mit Musik. Er betont die enorme Bedeutung des neuronalen Netzwerkes beim Entstehen und Erleben von Musik und erklärt, warum Musik mehr ist als reine Gehirntätigkeit. Zuerst einmal löst Musik bei den allermeisten Menschen angenehme Gefühle aus, macht also Spaß! Beim Musikhören werden im Gehirn körpereigene opiumähnliche Substanzen, die Wohlbefinden und Glücksgefühle auslösen, frei gesetzt und ins Frontalhirn transportiert. Gleichzeitig wird die Aktivität einer anderen Hirnregion, die für Angst und die Speicherung unangenehmer Gefühle verantwortlich ist, abgeschwächt. Daher machst du es genau richtig, wenn du zu pfeifen anfängst, um Angst zu vertreiben. Das funktioniert tatsächlich.

Da ich selbst viele Jahre lang Klassen mit verstärktem Musikunterricht (vier Unterrichtsstunden, statt zwei pro Woche) unterrichtet habe, kann ich die oben beschriebenen positiven Wirkungen des aktiven Musizierens aus eigener Erfahrung bestätigen.

Das Üben eines Instrumentes

- steigert die Konzentrationsfähigkeit,
- verbessert die soziale Kompetenz,
- lässt Sorgen verblassen,
- unterstützt die Merkfähigkeit,
- beruhigt die Nerven,
- fördert die Freude am eigenen Können,
- erhöht das Selbstbewusstsein,
- hebt den Beliebtheitsgrad an,
- hat positive Auswirkungen auf andere Fächer,
- verbessert das Gedächtnis,
- aktiviert die Kreativität,
- hebt das Selbstbewusstsein,
- fördert das Selbstbild.

Der Hirnforscher und Flötist Eckart Altenmüller wird in einem Interview gefragt, welches Ergebnis ihn am meisten überrascht habe. Seine Antwort: Die unglaubliche Dynamik der durch Musizieren bewirkten neuronalen Veränderungen! Schon vor mehr als zehn Jahren konnten wir zusammen mit dem Musikphysiologen Marc Bangert zeigen, dass bereits die erste Klavierstunde im Leben zu einer besseren Vernetzung der Hirnzentren für Hören und Bewegungen führt (Gehirn und Geist, 10/2014). Übrigens produziert unser Gehirn bei Hochkonzentration spezielle Gamma-Wellen, sie liegen bei 38 bis 70 Herz.

Nach so vielen Vorteilen, die das Erlernen eines Musikinstrumentes bringt, bist du vielleicht motiviert, ein Instrument spielen zu lernen oder mehr zu üben. Falls du noch nach dem geeigneten Instrument für dich suchst, folgen hier ein paar Vorschläge.

Welches Instrument ist für mich das richtige?

Fast in allen Städten gibt es Musikschulen, die Schnuppernachmittage für Anfänger durchführen. Dort kannst du dir die erste Orientierung holen und alle möglichen Instrumente selbst einmal in die Hand nehmen und ausprobieren. Wichtig ist, dass du das Instrument sehr gerne hörst, es wirklich gerne selbst spielen möchtest und es sich für dich gut anfühlt. Es ist Sache der Eltern und der Musiklehrer, sich um das richtige Anfangsalter zu kümmern. Ein typisches Anfängerinstrument gibt es nicht. Man muss nicht unbedingt mit Blockflöte anfangen. Sie hat allerdings den Vorteil, leicht und schnell erlernbar zu sein.

Merke:

Üben ist die absolute Grundbedingung für den Erfolg.

Vor allem im ersten halben Jahr sollten Eltern besonders darauf achten, dass ihr Kind jeden Tag übt. Mindestens einmal in der Woche sollten sie sich die Zeit nehmen und dem Spiel bewusst zuhören, um den Lernerfolg ihres Kindes gebührend zu würdigen. Erfolg motiviert zum Weitermachen.

Instrumente kann man grob in zwei Kategorien einteilen. Die einen spielt man vorwiegend solo, wie zum Beispiel Klavier oder Gitarre, die anderen verlangen nach einem Orchester oder einer Band.

Merke:

Musiklehrer machen häufig die Erfahrung, dass das Spielen in einem Ensemble eine große Motivation für das Weitermachen bedeutet. Soloinstrumente dagegen führen in der Pubertät öfter zum Abbruch des Unterrichts.

Zur ersten Orientierung eine kleine Auswahlliste von Instrumenten: Blockflöte, Querflöte, Trompete, Saxofon, Klassische Gitarre, Folkgitarre, E-Gitarre, E-Bass, Klavier, Jazz-Piano, Cembalo, Keyboard, Akkordeon, Geige, Cello, Schlagzeug usw.

Früh beginnen

Falls du dich für ein Instrument entschieden hast und du vielleicht sogar von einer Karriere als Musiker träumst, ist es besonders wichtig, frühzeitig mit dem Erlernen des Instrumentes zu beginnen. Motivationsfördernd ist für viele auch die Aussicht, an Wettbewerben teilzunehmen. In Deutschland gibt es über 350 nationale Wettbewerbe. Über 150 Preise und Stipendien unterstützen die Auslese und die Unterstützung von musikalischen Begabungen.

Fast jeder bekannte Solomusiker hat in seiner Kindheit am Wettbewerb „Jugend musiziert“ teilgenommen und einen Preis gewonnen. So war die heute weltberühmte Geigerin Anne-Sophie Mutter mehrmals Preisträgerin dieses Wettbewerbs. Heute setzt sich das Wunderkind von damals für die Ausbildung der Nachwuchsmusiker ein. Sie gründete eine Stiftung, die junge Streicher weltweit fördert.

Kosten

Manche Eltern scheuen die Kosten, die das Erlernen eines Instrumentes verursachen. Doch es muss nicht unbedingt Privatunterricht sein. Oft üben Kinder lieber, wenn sie Gruppenunterricht haben, in einer Jugendmusikschule ausgebildet werden oder einen Platz in einem Musikverein bekommen. In vielen Musikgeschäften kann man ein Instrument vor dem Kauf zuerst einmal mieten. Auch Musikschulen stellen manchmal Instrumente zum Üben zur Verfügung. In dieser Zeit kannst du dich prüfen, ob du wirklich bei diesem Instrument bleiben möchtest.

4.2.2 Vorsätze umsetzen

Du bist nun frisch motiviert, mit deinem Instrument zu üben. Wie schaffst du es auf Dauer, wirklich regelmäßig zu üben?

Kaufe dir ein Ringheft, kopiere den in Abbildung 5 abgebildeten Plan oder erstelle einen ähnlichen am Computer und hefte das Blatt ab. Lege Kugelschreiber und Plan zu deinem Instrument. Nun gilt es nur noch, diesen Plan gewissenhaft auszufüllen. Nicht schummeln! So hast du ein genaues Protokoll über dein Üben und deine Fortschritte. Selbst Jahre später kannst du noch genau feststellen, wann du welches Stück eingeübt hast.

Übungsplan				
Datum	Dauer	Name des Stückes	Stolperstellen, extra geübt, wie oft	Fortschritt

Abbildung 5: Übungsplan

Erklärungen zum Plan

Unter Stolperstellen sind die Teile deines Stückes gemeint, die du noch nicht so flüssig wie den Rest des Stückes spielen kannst. Es lohnt sich, diese Stellen extra so lange zu üben, bis du sie so flott wie die anderen Teile des Stückes spielst. In der Spalte „Fortschritt" gibst du deinem Übungserfolg des betreffenden Tages Punkte zwischen fünf und null. Punkte deshalb, damit sie dich nicht zu sehr an deine Schulnoten erinnern. Wenn du mit dir sehr zufrieden bist, weil du intensiv, konzentriert und lange genug geübt hast, dann gibst du dir fünf Punkte. Wenn du gar nicht bei der Sache warst, dich nicht konzentrieren konntest und keinerlei Fortschritt gemacht hast, notierst du einen Punkt. Wenn du überhaupt nicht geübt hast, weil du keine Lust hattest, gibst du dir null Punkte. Zwischen den beiden Extremen gibt es vier Punkte für *gut geübt*, drei Punkte für *genug geübt* und zwei Punkte für *ein bisschen geübt*. Unterschätze diese Punkteverteilung nicht. In kurzer Zeit wirst du den motivierenden Einfluss dieser *Belohnung* nach dem Üben feststellen! Ganz besonders motivierend ist es, wenn dieser Plan noch zusätzlich von deinem Vater oder deiner Mutter oder sonst einem nahestehenden Erwachsenen, dem deine Lernfortschritte wichtig sind, abgezeichnet wird.

4.3 Fantasie

4.3.1 Tagträume

Es gibt immer wieder Momente, in denen der Mensch ins Träumen gerät, obwohl er wach ist. Man schweift in Gedanken ab und befindet sich an einem ganz anderen Ort. Es können angenehme oder unangenehme Vorstellungen sein, die uns da ablenken. Schülern ergeht es so im Unterricht, wenn sie den Stoff gerade langweilig finden, wenn sie abgelenkt werden oder wenn sie ein Problem wälzen. Beim Problemwälzen können sich auch sehr belastende Vorstellungen einschleichen. Man kann übrigens geistige Abwesenheit am Gesicht ablesen. Es bekommt einen verträumten, abwesenden Ausdruck. Hast du dich schon mal gewundert, dass dich dein Lehrer genau in solch einem Augenblick aufgerufen hat? Der Grund ist ganz einfach, er hat dir angesehen, dass du nicht ganz bei der Sache bist.

Moderne Untersuchungen haben ergeben, dass sich der Mensch in diesen Momenten von Stress erholt und sich eine kleine seelische Erholungspause gönnt. Medizinische Studien sprechen geradezu von einer Form des seelischen Krafttankens für kommende Belastungen. Nicht selten fördern Tagträume die Lösungen von wichtigen Problemen.

Deine Tagträumereien beschäftigen sich in der Regel mit dem, was du dir wünschst, oder mit dem, was dich stört. Sie können dich beruhigen, trösten und stärken. Sie helfen dir über Traurigkeit und Enttäuschung hinweg. Auch eine Rachefantasie kann dein Gemüt wieder ins Lot bringen. Menschen, die Tagträumen nachhängen, bekommen auch nicht so schnell einen Wutanfall oder einen anderen unkontrollierten Ausbruch, den sie später bereuen.

In deinen Tagträumen spielst du die Hauptrolle. Du siehst dich als Sieger in einem Spiel, als Gewinner in deiner Klasse, als angehimmelten Star oder als künftigen Meister in deinem Hobby. Als was siehst du dich am liebsten? Was ist dir im Traum am wichtigsten? Anerkennung, Reichtum, Schönheit, Klugheit, Beliebtheit, Geborgenheit oder Erfolg?

In deinen Tagträumen kannst du auch ganz bewusst deine Fehler noch einmal durchspielen, dir neue Reaktionen ausdenken und dein Erlebnis anders ausgehen lassen. Du stellst dir einen ganz neuen Ablauf des Geschehens vor. Dabei lernst du, flexibel zu denken und zu handeln. Du spürst, dass du Wahlmöglichkeiten beim Handeln hast. Du bist nicht festgelegt. Du kannst es nächstes Mal besser machen. Das ist eine sehr beruhigende Feststellung. Wenn du diese konsequent umsetzt, kannst du mit vielen Problemen sehr gut umgehen. Du musst nicht mehr Angst vor ähnlichen Situationen haben. Nutze also deine Tagträume zum Lernen für die Zukunft.

Merke:

Larry Page, der Mitbegründer des Internetriesen Google, sagte einmal, man dürfe sich nie vom Unmöglichen einschüchtern lassen. Deshalb sollten wir sehr vorsichtig sein, ein Ziel oder einen Herzenswunsch zu schnell für unmöglich zu halten.

Du kannst sogar, um aus deinen Entspannungsphasen noch mehr Nutzen zu ziehen, ein richtiges Tagtraum-Tagebuch anlegen. Das geht ganz einfach. Du schreibst das Datum und die Uhrzeit auf und notierst dir die Geschichte, die dir gerade so durch den Kopf gegangen ist. Dadurch lernst du dich selbst viel besser kennen. Plötzlich kannst du deine innersten Wünsche formulieren. Du verstehst deine Motive besser und findest deine Ziele heraus, die dir sonst vielleicht gar nicht zu Bewusstsein kommen würden.

Unsere Tagträume sind ein jederzeit verfügbarer innerer Zufluchtsort (Ernst, 2011). Sie sind bedeutsam für unsere seelische Balance, für Kreativität und Selbsterkenntnis. Wer in den Strom seiner inneren Bilder eintaucht, lernt seine ureigenen Wünsche und Ziele besser kennen. Auch wenn das Gehirn scheinbar abschaltet, bleibt es dennoch höchst aktiv. Diese Ruheaktivität läuft nicht zufällig ab, sondern gut organisiert. Das Gehirn verbraucht dabei sogar ca. zwanzigmal so viel Energie wie im Normalzustand, da es sich auf zukünftige Situationen vorbereitet.

Beispiele für den bewussten Einsatz von Tagträumen:

- Angenommen, du weißt noch nicht, ob du morgen zur Geburtstagsparty von deiner Schulfreundin gehen oder doch lieber für die Mathearbeit lernen sollst. Spiele das Für und Wider einfach so lange im Kopf durch, bis dir die bestmögliche Lösung eingefallen ist.
- Du befürchtest, dass morgen eine unangenehme Diskussion über deine letzte Klassenarbeit anstehen könnte. Im Geist kannst du das Gespräch so lange innerlich üben, dass du das Schlimmste schon hinter dir hast, wenn es tatsächlich so weit ist. Außerdem bist du auf viele möglichen Argumente und Eventualitäten gefasst.
- Du sitzt vor einer noch verschlossenen Tür. Statt wütend auf die graue Wand zu starren, träume doch lieber von deinem nächsten Treffen mit deinen Freunden. Male dir in allen Farben aus, was ihr miteinander tun könntet. Wenn du Tagträume richtig anwendest, sind sie keine Flucht, sondern ein ideales Training, um das Leben angenehmer und schwereloser zu gestalten.

Merke:

Dein Alltag ist voller Chancen, mit deiner Fantasie zu spielen, Langeweile abzubauen und Aggressionen gar nicht erst entstehen zu lassen.

Verblüffend ist die Häufigkeit, mit der wir aus der Realität in eine virtuelle Innenwelt abgleiten. Wir tagträumen sehr viel öfter, als wir glauben. Eine Studie an der Harvard-Universität im Jahre 2010 brachte es ans Licht: Wir sind 50 % unserer Wachzeit nicht bei der Sache.

Dr. Arthur Ulene von der University of Southern California hat eine Methode entwickelt, mit der du mithilfe von Tagträumen Spannungen innerhalb von Minuten lösen kannst.

Seine Methode geht so:

Übung: Die Entspannungsmethode

- Suche dir einen ruhigen Platz, wo du dich mindestens fünf Minuten lang ungestört aufhalten kannst. Mache es dir so bequem wie möglich.
- Schließe die Augen ganz fest, atme tief, entspannt und regelmäßig.
- Lasse vor deinem geistigen Auge ein friedliches Bild entstehen.

Beispiele:

- ein schöner, warmer Sandstrand, tiefblaues Meer, ein sanft schaukelndes Fischerboot …
- oder eine schöne Berglandschaft mit sanften Hügeln, fröhlichem Kuhglockengebimmel, grüne Wiesen, Frühlingsblumen, ein rauschendes Bächlein …
- oder denke an irgendetwas, was auf dich besonders harmonisch und beruhigend wirkt.

Ist dir das zu kitschig? Macht nichts, Hauptsache ist doch, dass es wirkt!

Gehe in deiner Vorstellung ganz in dieses Bild hinein, mach es dir dort bequem. Lehne dich an einen Baum, lege dich auf eine Wiese, nimm das weiche Gras in deine Hand, tu einfach so, als wärest du wirklich mitten drin in dieser Szene.

Bewusstes Tagträumen ist eine Form der Meditation. Falls dir diese Form des Tagträumens nicht sofort gelingt, könnte das auch an deinem Fernseh- oder Computerkonsum liegen. Du könntest es durch wiederholtes Üben lernen. Wie das geht, erfährst du im Kapitel über Fantasiereisen.

4.3.2 Auditives Lernen

> **Beispiel: Geschichte einer Prüfungsvorbereitung**
>
> Ein junger Mann, der kein besonders guter Lerner ist, möchte unbedingt die sehr schwierige Taxifahrer-Prüfung in München bestehen. Deshalb hat er einen großen Stadtplan von München über sein Bett gehängt. Den Stadtplan hat er mit einem Textmarker deutlich in acht Bezirke eingeteilt. Dann hat er sich für jeden Bezirk Routen ausgedacht, die alle Straßen, Plätze und Hotels verbinden und deren Namen mit einem Audio-Gerät aufgenommen. Drei Wochen lang hat er sich jeden Abend zwei Stunden früher als normal auf das Bett gelegt, seine Aufnahmen abgehört und gleichzeitig die entsprechenden Namen der Straßen, Plätze und Hotels auf dem Papier mitgelesen. Auf diese Weise hat er sich die Besonderheiten aller acht Bezirke eingeprägt. Vier Tage vor der Prüfung hat er diese Übung zusätzlich noch morgens gemacht und damit seine Übungszeit verdoppelt. Den Tag vor der Prüfung hat er relaxt mit Paddelbootfahren verbracht. So konnte er die Prüfung entspannt und wohlvorbereitet antreten. Über die Hälfte der Prüflinge ist bei dieser bekannt schwierigen Prüfung durchgefallen. Unser Kandidat hat sie durch stetiges, diszipliniertes Einhalten seines Lernplans und seiner persönlichen audio-visuellen Lernmethode ohne Stress bestanden.

Vorschlag: Du kannst diese Methode für viele Stoffgebiete anwenden. Sie eignet sich grundsätzlich für alles, was du sprachlich ausdrücken kannst, zum Beispiel für eine Fremdsprache, für Biologie, Geschichte oder Erdkunde und vieles mehr.

> **Beispiel: Marie will ihre Englischnote unbedingt verbessern**
>
> Marie ist in der 5. Klasse des Gymnasiums. Sie fühlt sich sehr wohl in ihrer Klasse, aber sie hat ein großes Problem. Sie bekommt in jedem Englisch-Test und in jeder Englisch-Klassenarbeit so schlechte Noten heraus, dass sie das Klassenziel voraussichtlich nicht erreichen wird. Ihre Eltern können ihr nicht helfen. Der Englischlehrer schickt sie nach einem halben Jahr zur Lernberatung. Dort stellt sich bald heraus, dass Marie sehr lernwillig und fleißig ist, aber nicht weiß, wie sie Englisch lernen soll. Auf die Frage, wie sie Wörter lernt, sagt sie, dass sie die Wörter mindestens dreißigmal durchliest und fast genauso oft schreibt. Sie ist nach jeder Arbeit sehr enttäuscht über ihre vielen Fehler. Am Fleiß und am Willen liegt es also nicht, dass sie schlechte Noten schreibt. Sie braucht eine effektivere Lernmethode.

Der Lehrnberater übt mit ihr, wie sie mit ihrem MP3-Player Wörter lernen kann. Sie spricht zuerst jede Vokabel auf Deutsch, macht eine kurze Pause und dann auf Englisch auf das Gerät. Danach hört sie sich selbst ab. Sie hört zuerst das deutsche Wort, berührt dann das Pause-Zeichen, spricht und schreibt das englische Wort samt Präposition auf ein Blatt. Am Ende vergleicht sie ihre geschriebenen Wörter Buchstabe für Buchstabe mit dem Buch und kennzeichnet ihre Fehler mit einem bunten Stift. Ihre Übungsblätter soll sie mit Datum und Seitenzahl versehen und in ein Ringbuch einordnen. Ihre Aufgabe ist nun, diese Methode bis zum nächsten Treffen jeden Tag anzuwenden und das Ringbuch zur Kontrolle mitzubringen.

Beim nächsten Treffen kontrolliert der Lehrnberater Maries Übungen und ist begeistert, wie schnell sie gelernt hat, die Methode richtig anzuwenden. Nun wird die auditive Methode auf das Lernen von ganzen Sätzen ausgeweitet. Sie wählt aus ihrem Englisch-Buch einfache englische Sätze mit maximal sieben Wörtern, die sie absolut sicher ins Deutsche übersetzen kann. Marie spricht zuerst die deutsche Übersetzung auf und danach den englischen Satz. Nach fünf Sätzen beginnt sie, sich abzuhören. Sie hört den deutschen Satz, schreibt den englischen Satz auf ein Blatt und korrigiert danach mit Rotstift ihre Fehler.

Fünf Sätze pro Tag genügen, meint der Lehrer, denn dann hat sie pro Woche 25 Sätze und pro Monat 100 Sätze korrekt gelernt. Der Trick dabei ist, dass man mit dieser Methode nebenbei mühelos Grammatik lernt.

Nach sehr kurzer Zeit werden Maries Noten in Englisch besser. Sie bleibt an der Schule und wird in Englisch richtig gut. Durch ihre Gewissenhaftigkeit und ihren Willen zum Erfolg konnte sie sich mit der richtigen Lernmethode auf dem Gymnasium halten. Ihr Traum ist wahr geworden.

Es folgt eine Zusammenfassung der auditiven Methode.

Auditives Lernen einer Fremdsprache
1. Vokabeln lernen
Aufsprechen: Setze dich in einem ruhigen Raum entspannt auf einen Stuhl oder auf ein Sofa, sprich die erste Vokabel zuerst auf Deutsch und dann in der Fremdsprache auf dein Audio-Aufnahmegerät, zum Beispiel auf einen MP3-Player. Bemühe dich dabei, so deutlich wie nur möglich zu sprechen. Sprich nun die zweite Vokabel zuerst auf Deutsch, dann in der Fremdsprache auf dein Gerät usw.

Abhören:
- Höre die erste Vokabel auf Deutsch.
- Berühre das Pause-Zeichen.
- Sprich und schreibe die Übersetzung in der Fremdsprache.
- Höre die zweite Vokabel auf Deutsch.
- Berühre das Pause-Zeichen.
- Sprich und schreibe die Übersetzung der zweiten Vokabel in der Fremdsprache usw.
- Kontrolliere am Ende deine geschriebenen Vokabeln mit den Vokabeln im Buch mit einem Rotstift. Achte auch auf die Präpositionen. Je strenger und achtsamer du korrigierst, umso besser.

2. Sätze und Grammatik lernen

Aufsprechen:
Sprich den ersten zu übersetzenden Satz zuerst auf Deutsch, dann in der Fremdsprache auf dein Gerät. Bemühe dich dabei, so deutlich wie nur möglich zu sprechen. Sprich den zweiten Satz zuerst auf Deutsch, dann in der Fremdsprache auf den MP3-Player usw.

Abhören:
- Höre den ersten Satz auf Deutsch.
- Berühre das Pause-Zeichen.
- Sprich und schreibe die Übersetzung des Satzes in der Fremdsprache.
- Höre den zweiten zu übersetzenden Satz auf Deutsch.
- Berühre das Pause-Zeichen.
- Sprich und schreibe die Übersetzung des zweiten Satzes in der Fremdsprache usw.
- Kontrolliere am Ende deine geschriebenen Sätze mit den Sätzen im Buch mit einem Rotstift. Achte auch auf die Präpositionen. Je strenger und achtsamer du korrigierst, umso besser.

Auditives Lernen eignet sich nicht nur zum Lernen einer Fremdsprache, sondern auch zum Lernen von vielen anderen Lerngebieten. Du kannst mit dieser Methode so unterschiedliche Fächer wie zum Beispiel Deutsch, Geschichte, Biologie, Erdkunde oder Psychologie lernen. Wie das geht, steht als Zusammenfassung in folgendem Kasten.

Auditives Lernen eines Sachgebietes

Vorbereitung:
- Markiere zuerst zehn wichtige Schlüsselsätze im Text.
- Formuliere zehn Fragen, die den jeweiligen Schlüsselsatz als Antwort haben.

Aufsprechen:
- Sprich die erste Frage auf und nach kurzer Pause die zugehörige Antwort.
- Sprich die zweite Frage auf und nach kurzer Pause die zugehörige Antwort.
- usw.

Abhören:
- Höre dir die erste Frage an.
- Berühre das Pause-Zeichen.
- Gib die Antwort zu dieser Frage.
- Vergleiche deine Antwort mit dem richtigen Sachverhalt.
- Falls deine Antwort falsch war, notiere dir die zugehörige Frage.
- usw.

Einige Stunden später:
- Wiederhole die Fragen, welche du falsch beantwortet hattest.

Merke:

Die Methode sieht aufwendiger aus, als sie ist. Sie ist sehr effektiv und spart dir viel Zeit, wenn du sie richtig anwendest. Du musst den Lernstoff nur einmal aufsprechen, kannst ihn aber beliebig oft abhören. Besonders das Abhören geht in einer sehr entspannten Art. Du kannst dich dazu sogar hinlegen oder spazieren gehen. Probiere die Methode selbst einmal aus. Du lernst dabei dreifach: durch Lesen, Sprechen und Hören.

Tipp:

Die meisten Schulbuchverlage bieten inzwischen zu den Fremdsprachenbüchern passende CDs, DVDs und onlinebasierte Vokabeltrainer an. Das kann eine sinnvolle Alternative für dich sein.

4.3.3 Fantasiereisen

Fantasie ist wichtiger als Wissen, denn Wissen zeigt all das auf, was schon ist, während die Fantasie auf das ausgerichtet ist, was sein wird.

Albert Einstein

Das Tagträumen und damit das Entspannen kann man auch selbst gezielt herbeiführen. Man unternimmt dazu eine Fantasiereise, das heißt, man verreist nicht wirklich, sondern nur in der Fantasie. Diese Entspannungsmethode hat den großen Vorteil gegenüber dem Tagträumen, dass du dich genau in der Zeit entspannst, die du dir ausgesucht hast, also nicht am Morgen während des Unterrichts oder nachmittags, wenn du die Hausaufgaben machen sollst. Fantasiereisen kann man allein unternehmen oder in der Gruppe. Ein Gruppenleiter kann den Text sprechen oder man kann eine CD anhören. Eine weitere Möglichkeit besteht darin, einen Text selbst auf ein entsprechendes Gerät zu sprechen, und ihn dann, wenn man die Fantasiereise machen will, einfach abspielen zu lassen. Eine leichte, leise, besänftigende Musik eignet sich als Hintergrundmusik.

So geht es: Lege dich zuerst ganz entspannt und ausgestreckt auf eine Matte auf den Boden. Schließe die Augen und versuche, an nichts zu denken. Atme tief und aufmerksam aus und ein. Öffne beim Ausatmen leicht deinen Mund, sodass du den Luftstrom aus deinem Mund entweichen hörst. Zähle dabei bis zehn. Du spürst, wie sich deine Muskeln entspannen und schlaff anfühlen. Du hast das Gefühl, wie ein schwerer Sack dazuliegen.

Nun hörst du den folgenden Text, der sehr langsam und mit gedämpfter Stimme gesprochen werden muss. Versuche dir alles, was gesagt wird, genauso vorzustellen und nicht mit den Gedanken abzuschweifen.

Fantasiereise 1 – Am Strand
Ich liege ausgestreckt und entspannt auf warmem, weißem Sand am Meer. Ich atme ruhig ein und aus. Mein Brustkorb hebt und senkt sich langsam und regelmäßig. Ich fühle die warmen Sonnenstrahlen

angenehm auf meinem Körper. Eine leichte Brise streichelt meinen Körper von den Beinen aus über meinen Bauch, den Brustkorb, die Arme und den Kopf. Meine Nase atmet die leicht salzige Luft ein. Meine Fersen bilden kleine Kuhlen in den Sand. Die Sandkörnchen schmirgeln leicht die Haut. Meine Waden liegen leicht auf dem Sand und spüren die vielen einzelnen Sandkörnchen angenehm auf die Haut drücken. Ich höre die leichten Meereswellen an den Strand schleichen. Ich höre, wie das Wasser sich kräuselt und versucht, mir näher zu kommen. Vergeblich. Es wird wieder in die große Wasserheimat zurückgezogen. Dabei zieht es Sand mit ins Meer. Es entsteht ein reibendes, schlurfendes Raunen. Etwas entfernt ragen ein paar Felsen ins Meer. Ich höre in der Ferne, wie das Meer an den Stein knallt, sich gurgelnd zwischen Steinbrocken verteilt, hochspritzt und sich festsaugend wieder zurückziehen muss. Ich sehe die türkise Farbe in Ufernähe. Schaumkrönchen tanzen auf den leichten Wellen. In der Ferne zieht lautlos ein Segelschiff vorbei. Ganz hinten am Horizont wird das Wasser immer intensiver blau, bis es in das Blau des Himmels übergeht. Himmel und Meer verschmelzen. Am Himmel sind ein paar schneeweiße Wolken zu sehen. Sie ziehen langsam weiter. Eine Wolke hat die Form einer Giraffe. Allmählich löst sich diese Form in Einzelteile auf. Jetzt sehen die Wolken aus wie ein großer Mann mit Pfeife, der in einem Sessel sitzt und in einem Buch liest. Alles geht lautlos vor sich. Außer dem Plätschern des Wassers ist nichts zu hören. Plötzlich trifft ein Wasserschwall meinen rechten Oberarm. Er fühlt sich im ersten Moment kalt und unangenehm an. Danach ist er aber eine richtige Erfrischung. Die Sonne trocknet das Wasser. Zurück bleibt eine etwas kühlere Stelle auf der Haut. In der Nähe wiegt sich eine große Palme im Wind. Ihre Blätter rascheln leise. Bei einem leichten Lufthauch wirft sie eine lichtdurchlässige Staubwolke ab. Leichter Sand rieselt sanft auf meinen Bauch. Ich fühle mich gut beschützt neben dieser alten Palme. Ich gebe ihr einen Namen. Ich nenne sie Dabomi, meinen Beschützer. Ich werde wiederkommen an diesen Ort, an die Stelle meines Glücks, meiner Zufriedenheit und meines Auftankens. Nun kehre ich langsam zurück in meine reale Welt. Ich spanne zuerst meine Fußmuskeln an, dann meine Beinmuskeln, dann meine Bauchmuskeln, dann meine Schultermuskeln, dann meine Armmuskeln, meine Handmuskeln und zum

Schluss meine Gesichtsmuskeln. Ich reiße meine Arme nach oben, öffne Augen und Mund, bin erfrischt und erholt und wieder voll und ganz in der Gegenwart.

Die Vorbereitung für die zweite Fantasiereise geht genauso wie die bei der ersten. Du kannst auch diese Fantasiereise selbst auf dein Aufnahmegerät sprechen oder von einer anderen Person sprechen lassen. Am Anfang und am Schluss die leise, beruhigende Musik nicht vergessen.

Fantasiereise 2 – Regentropfen

Es regnet warm und sprühfein an deine Scheiben. Regentropfen laufen in Bahnen und Straßen dein Fenster hinunter. Der Himmel ist zur Hälfte blau. Die andere Hälfte ist wolkenverhangen. Du verfolgst die Regentropfen auf deiner Fensterscheibe. Zwei Tropfen vereinigen sich und rinnen als Riesentropfen gemeinsam nach unten. Einige Regentropfen bleiben einfach hängen und bewegen sich nicht von der Stelle. Es ist, als hätten sie kein Gewicht. Auf einmal erscheint in weiter Ferne ein wunderbarer Regenbogen. Du siehst die einzelnen Regenbogenfarben leuchtend und klar. Schwups und plötzlich hast du dich in einen Regentropfen verwandelt, der gerade auf deiner Fensterscheibe gelandet ist. Schon scheint die warme Sonne darauf und zieht dich sanft, aber mächtig, von der Scheibe weg. Du befindest dich auf einer aufregenden Fahrt nach oben. Es ist ein leichtes Fliegen, wie mit einem Heißluftballon. Immer weiter geht der Flug nach oben. Du siehst dein Haus, den Garten, die Straße, dein Viertel, deine Stadt immer kleiner werden. Jetzt siehst du den Kirchturm noch herausragen, aber auch er wird kleiner und kleiner und verschwindet endlich ganz. Der Fluss durch deine Stadt ist eine schmale, blaue Linie geworden. Du schaust nach oben und siehst, dass deine Reise sich immer mehr einer großen, weißen Wolke nähert. Die Wolke strahlt an den Rändern so sehr, dass du dich abwenden musst, so sehr blendet sie. Deine Flugbahn führt dich mitten in diese weiße Herrlichkeit hinein und du bist plötzlich einer von Millionen Wassertropfen. Diese reiben sich aneinander und sind dicht gedrängt. Das Reiben macht ein Geräusch wie das Gemurmel einer riesigen Menschenmenge. Plötzlich hörst du aus den vielen Stimmen einen männlichen Erzähler heraus. Er erzählt, wie seine Reise auf einem Gletscher begann. Die Sonne schmolz die obere Eisschicht ab und er rollte als Wassertropfen in einen kühlen Gebirgsbach. Er hüpfte und sprang mit den anderen Tröpfchen von Stein zu Stein. Es war ein übermütiges und fröhliches Dasein, bis sie alle zusammen in einen trägen Bach mündeten und zwischen saftigen Wiesen und unter Brücken zu einem immer breiteren Bach wurden. Einmal trieben sie eine Getreidemühle an und hatten einen Riesenspaß beim Tanz über die Fugen. Dann ging es weiter in einen breiten Fluss. Große Schiffe fuhren auf und neben ihnen und es gab immer viel zu sehen. Freundliche Passanten winkten am Ufer den Passagieren auf den Schiffen zu. Es war eine sehr lange Reise auf und mit dem großen Fluss. Am Ufer änderte sich die Vegetation und es wurde immer wärmer. Zwischendurch hingen Bäume mit ihrem Geäst ins Wasser und es gab kurze Zeiten der Rast, wenn man sich an ein Blatt anklammern konnte. Auf einmal geriet unser Erzähltropfen in eine Sprenkleranlage, die Wasser aus dem Fluss pumpte, um damit ein Melonenfeld zu bewässern. Er geriet auf eine große mit grünen und gelben Zickzackstreifen verzierte Wassermelone. Dort holte ihn ein Sonnenstrahl ab und zog ihn mit aller Macht auf die Wolke. Hier durfte er sich endlich ausruhen und von seinen Abenteuern erzählen. Du selbst hast gerne zugehört, aber deine Zeit auf der Wolke ist abgelaufen. Du kannst dich noch kurz verabschieden, dann fällst du aus der Wolke heraus im Sturzflug hinunter auf den Regenbogen. Der Regenbogen dient dir als Riesenrutsche. Es ist ein toller Spaß für dich, diese immens lange Strecke wie in einem Bobschlitten mit Sausegeschwindigkeit hinunterzurasen. Du wirst so schnell, dass du nichts mehr wahrnehmen kannst. Klacks, und du hängst wieder an deiner Fensterscheibe. Du schaust in dein Zimmer hinein und siehst dich entspannt auf dem Boden liegen.

Du bewegst deine Zehen hin und her, schüttelst deine Knie aus, hebst deinen Po von der Unterlage, ziehst die Schultern rauf und runter, reißt deine Arme hoch und machst die Augen auf. Gleichzeitig stößt du einen leisen Freudenschrei aus. Du bist frisch, munter und erholt. Jetzt kannst du dich wieder auf neue Herausforderungen konzentrieren. Entspannung tut gut!

4.4 Der Schlaf

Wenn du am Morgen erwachst, denke daran,
was für ein köstlicher Schatz es ist,
zu leben, zu atmen und sich freuen zu können.

Marc Aurel, römischer Kaiser und Philosoph

An Tagen, an denen du viel Schönes erlebst, die spannend sind, wo du ausgefüllt bist, ist dir Schlafen oft lästig. Du möchtest nicht ins Bett gehen. Vielleicht hat dich deine Mutter oder dein Vater schon einige Male ermahnt, endlich ins Bett zu gehen. Immer hast du eine neue Ausrede. Da bist du wirklich kreativ. Du denkst, bis morgen sind ja noch so viele Stunden und die Erwachsenen gehen auch nicht ins Bett. Das findest du ungerecht. Du bist sehr frustriert.

Oft gibt es bei dir abends Zoff um das ärgerliche Thema. Du kannst einfach nicht einsehen, dass es deine Eltern wirklich gut mit dir meinen. Du glaubst, sie wollen dich nur ins Bett schicken, damit sie ihre Ruhe haben. Diesmal hast du nicht Recht, der Schlaf ist aus mehreren Gründen sogar sehr wichtig für dich. Im Folgenden zähle ich die wichtigsten Gründe auf und begründe sie mit Erkenntnissen aus der Wissenschaft.

4.4.1 Schlafen, um zu lernen

Kinder und Jugendliche sind häufig chronisch übermüdet. Schlafmangel macht müde, unkonzentriert und gereizt. Es ist nicht in erster Linie der Körper, der Schlaf braucht. Der wichtigste Grund, warum ein Mensch schlafen muss, ist sein Gehirn. Es ist im Schlaf nämlich sehr aktiv und festigt die Verknüpfungen von tagsüber Gelerntem. In unserem Gehirn kommt es zu wichtigen Hormonausschüttungen, wobei das wichtigste das Wachstumshormon ist. Es wird in der ersten Nachthälfte produziert und ausgeschüttet und führt sowohl zu Wachstum als auch zur Regeneration der Körperzellen.

Der Schlaf ist immer noch ein großes Geheimnis und ein bedeutendes Forschungsgebiet. Es gibt aber auch wissenschaftliche Erkenntnisse. Ein wichtiges Ergebnis der Schlafforschung ist die Entdeckung, dass wir schlafen und träumen, um zu lernen. Obwohl wir nichts davon merken, leistet das menschliche Gehirn im Schlaf kreative Arbeit. Das konnte in zahlreichen Schlaflabors der Welt durch Schlafforscher in ausgeklügelten Experimenten nachgewiesen werden. Unser Schlaf gliedert sich in verschiedene Phasen, von der Einschlafphase, über den leichten Schlaf, zu der Abwechslung zwischen Tief- und Traumschlaf. Im Tiefschlaf werden viele Informationen im Langzeitgedächtnis abgespeichert.

Du kannst dir deinen Schlaf so vorstellen. Du legst dich ins Bett, bringst dich in deine bevorzugte Einschlafstellung, träumst ein wenig vor dich hin und schläfst ein. Zuerst ist dein Schlaf leicht und flach. Du hörst noch alles, was um dich herum vor sich geht, du wachst auch noch leicht auf. Dann sinkst du in immer tiefere Schichten des Schlafes. Deine Atmung und dein Puls werden langsamer. Dein Gehirn verringert seine Aktivität. Dann wird dein Schlaf leichter und du kommst in den Traumschlaf. Ein Betrachter könnte meinen, du wachst gleich auf. Deine Hirnstromkurve sieht tatsächlich so ähnlich aus wie im Wachzustand. In Wirklichkeit bist du aber genau jetzt am schwersten zu wecken. Die Anspannung deiner Muskeln ist noch geringer als im Tiefschlaf. Total schlaff liegst du im Bett. Nun sind besonders jene Gehirnareale aktiv, die an der Verarbeitung von Gefühlen beteiligt sind. Man konnte zeigen, dass Lernepisoden in den Traum einfließen (Spitzer, 2007) und so zum Behalten beitragen. Vereinfacht kann man sagen, im Traumschlaf wiederholt das Gehirn, was du am Tag gelernt hast, und im Tiefschlaf speichert dein Gehirn das Gelernte ab. Im Tiefschlaf produziert dein Gehirn Delta-Wellen, es sind die niedrigsten Frequenzen von 0,1 bis 4 Herz.

Traumschlaf und Tiefschlaf wechseln sich normalerweise pro Nacht ungefähr fünf Mal ab. Diese beiden Phasen und die Anzahl des Auftretens dieser beiden Phasen sind notwendig für das Lernen. Jetzt verstehst du besser, warum du unbedingt schlafen musst, um dein Gedächtnis in Höchstform zu bringen.

4.4.2 Einschlafprobleme

Ohne es bewusst wahrzunehmen, wird unsere innere Uhr auch von unserem Umgebungslicht beeinflusst. Seit grauer Vorzeit bestimmte das Sonnenlicht unseren Tages- und Nachtrhythmus und damit die Ausschüttung unserer Schlafhormone. Künstliches Licht kann unsere Einschlafbereitschaft verwirren, besonders wenn der Blauanteil sehr hoch ist. Leider ist das besonders bei den Bildschirmmedien der Fall. Vielleicht hast du selbst schon bemerkt, dass dein herzhaftes Gähnen beim Lesen oder Bedienen von Handy oder Tablet plötzlich verschwunden ist. Du fühlst dich nicht mehr müde. Der Blauanteil der LEDs hat dich munter gemacht!

Ingo Fietze, Leiter des Schlafmedizinischen Zentrums der Charité in Berlin, hat Jugendliche einer Schulklasse in Berlin nach ihrer Müdigkeit befragt, nachdem sie unter standardisierten Bedingungen abends entweder ein Buch gelesen oder am Computer gesessen hatten. „Das Ergebnis war eindeutig“, so Fietze, „nach der Computertätigkeit waren die Kinder am nächsten Tag viel müder und das Gedächtnis war schlechter“ (www.spiegel.de/gesundheit).

Versuche nicht, zwanghaft einzuschlafen. Damit vertreibst du den Schlaf geradezu. Überdenke die vergangenen Tage gründlich. Bewegst du dich genügend? Unterhalte dich doch mal mit den sportlichen Typen in deiner Klasse. Haben sie auch ein Einschlafproblem? Höchstwahrscheinlich nicht. Anstrengende Bewegung bei Sport oder Spiel, möglichst in der frischen Luft, ist eine gute Voraussetzung für einen gesunden Schlaf.

Hänge dir ein schönes, beruhigendes Poster über dein Bett und gestalte deine Bettumgebung so, dass du gerne im Bett liegst. Beunruhigende Gegenstände solltest du außer Sichtweite bringen. Sie hindern dich am entspannten Einschlafen. Koffein hat eine Halbwertszeit von sieben Stunden, d. h. nach sieben Stunden hat dein Körper erst die Hälfte des zugeführten Koffeins abgebaut. Nicht nur in Kaffee ist Koffein enthalten, auch Coca Cola und ähnliche Getränke enthalten Koffein. Ein Liter Coca Cola enthält so viel Koffein wie eine Tasse Kaffee. Das kommt dir jetzt vielleicht wenig vor, weil du nie einen ganzen Liter an einem Tag trinkst. Du musst aber bedenken, dass dein jugendlicher Körper auf Koffein viel stärker reagiert als ein erwachsener und viel schwererer Körper.

Ein Einschlafritual kann beim Einschlafen helfen. Du machst jeden Abend um dieselbe Zeit das Gleiche.

Eine Auswahl an hilfreichen abendlichen Ritualen:

- Mit dem Hund Gassi gehen.
- Mit der Katze spielen.
- Den Vogel füttern.
- Dem Bruder oder der Schwester etwas vorlesen.
- Beruhigende Musik hören.
- Humorvolle Geschichten hören.
- Ein warmes Bad nehmen.
- Ein Glas warme Milch mit Honig trinken.
- Mit Mama oder Papa den vergangenen Tag besprechen.

Außerdem sorgen Dunkelheit, Ruhe und eine angenehm kühle Zimmertemperatur in deinem Schlafzimmer für einen erholsamen Schlaf.

Beispiel: Simon kann nicht einschlafen

Simon konnte einfach nicht einschlafen. Er hatte bereits alles Mögliche versucht. Dann gab ich ihm folgenden Tipp: „Wenn du im Bett liegst und nicht einschlafen kannst, dann gehe einfach deinen Tag noch einmal durch, aber nicht chronologisch von morgens bis abends, sondern umgekehrt. Gehe den Tag rückwärts durch, beginne mit dem Abend und gehe zurück bis zum Morgen wie bei einem rückwärts laufenden Film. Denke zuerst an das, was du zuletzt gemacht hast. Bevor du ins Bett gegangen bist, siehst du dich beim Zähneputzen im Badezimmer und davor beim Abendessen usw. Der Trick besteht also darin, diesen „Film" rückwärts ablaufen zu lassen. Du gehst also rückwärts aus dem Bett, läufst rückwärts ins Badezimmer, so wie wenn du deine Handlungen auf Video aufgezeichnet hättest und den Film dann rückwärts anschauen würdest."

Simon war bereit, dies auszuprobieren. Beim nächsten Treffen erzählte Simon freudestrahlend, dass dieser Trick bei ihm toll funktioniert. Er kommt gar nicht weit bei seinem Film, dann ist er schon eingeschlafen.

Das ist ein Trick, der bei vielen Menschen funktioniert, weil es einfach sehr anstrengend ist, sich den Tagesablauf rückwärts vorzustellen. Man ermüdet sehr schnell dabei und schläft dann ein. Probiere es doch einfach aus, wenn du mal wieder nicht einschlafen kannst.

Beachte, dass das Lesen von Fantasy-Romanen und gruseligen Werken oft Alpträume zur Folge haben. Je jünger der Leser ist, desto mehr beeinflusst das Lesen seine Träume.

Tipp: Besser einschlafen können

- Bewege dich tagsüber möglichst viel an der frischen Luft.
- Verzichte auf den Mittagsschlaf.
- Trinke nachmittags kein koffeinhaltiges Getränk mehr.
- Führe ein abendliches Ritual ein.
- Lies vor dem Einschlafen auf keinen Fall gruselige Geschichten.
- Sieh dir vor dem Einschlafen keinen Actionfilm an.
- Praktiziere progressive Muskelentspannung.
- Gehe vor dem Einschlafen deinen Tag rückwärts durch.

Auch für Morgenmuffel gibt es einige bewährte Tipps:

- Plane genügend Zeit zum Wachwerden ein.
- Benutze einen Wecker mit Nachweckfunktion.
- Stelle angenehme, leise Musik zum Wachwerden ein.
- Führe Wechselduschen (warm beginnen und enden) durch und rubble dich mit einem Handtuch trocken.
- Wasche dein Gesicht mit einem nassen, kalten Waschlappen.
- Mache etwas Gymnastik nach dem Aufstehen, z.B. Liegestütze, Kniebeugen o.Ä.
- Trinke genügend zum Frühstück.
- Lass dir Zeit für dein Frühstück.

4.5 Ernährung und Lernen

Tatsächlich hat das Lernen auch einiges mit den Nahrungsmitteln zu tun, die wir zu uns nehmen, doch die wenigsten Menschen sind sich des Zusammenhangs von Essen und Lernen bewusst. Für das Lernen ist unser Gehirn das wichtigste Organ. Es benötigt zum produktiven oder angestrengten Denken sogar sehr schnell verfügbare Energie. Hauptenergiequellen unseres Gehirns sind Kohlenhydrate, Sauerstoff, spezielle Fette, bestimmte Aminosäuren und eine ausgewogene Mischung aus Vitaminen und Mineralstoffen wie Eisen, Zink, Magnesium und Kalzium. Jede Nervenzelle des Gehirns steht in einem aktiven Informationsaustausch mit anderen Nervenzellen. Dieser Austausch erfolgt mithilfe von sogenannten Botenstoffen (Neurotransmitter). Unsere Nahrung beeinflusst die Art und die Menge der verfügbaren Botenstoffe und ist somit eine wichtige Voraussetzung für die Leistungsfähigkeit des Gehirns. Die Gruppe der B-Vitamine ist stark an der Bildung von Neurotransmittern beteiligt. Umgekehrt führt ein Mangel an diesen Vitaminen unweigerlich zu einer Schwächung der Gedächtnisleistung.

Eine kleine Auswahl:

- *Thiamin (Vitamin B 1)* verhindert ein Absterben der grauen Zellen und fördert die Leistungsfähigkeit des Gehirns. Mangelerscheinungen sind zum Beispiel Schlafstörungen und Muskelschmerzen. Thiamin steckt unter anderem in Weizenkeimen, Sonnenblumenkernen, Backhefe, Sesam, Geflügel und Schweinefleisch.
- *Vitamin D3*, auch Sonnenvitamin genannt, hat eine Schutzfunktion für die Nervenzellen des Gehirns. Normalerweise bildet der Körper das Vitamin selbst, indem er das Sonnenlicht auf der Haut in Vitamin D3 umwandelt. In geringerem Maß kann es auch über die Nahrung aufgenommen werden.
- *Omega-3-Fettsäuren* helfen, die Gehirnzellen gesund und leistungsfähig zu erhalten. Sie kommen beispielsweise reichlich in Seefischen wie Lachs und Hering, Leinöl und Rapsöl sowie in Nüssen vor.
- *Calcium* ist für die Weiterleitung von Nervenimpulsen im Körper und im Gehirn sehr wichtig. Es ist unter anderem in Milchprodukten, Brokkoli, Grünkohl und Sesamsamen vorhanden.
- *Magnesium* beruhigt das Nervensystem, weswegen es auch als das „Salz der inneren Ruhe" bezeichnet wird. Die Stressanfälligkeit geht bei ausreichender Magnesiumversorgung zurück. Es ist unter anderem enthalten in Vollkornprodukten, Haferflocken, grünem Gemüse, Sesamsamen und Sonnenblumenkernen.

Wichtig ist nicht nur der Verzehr von nützlichen Lebensmitteln, sondern auch der Verzicht auf schädliche Genussmittel, bei denen leider aus Unkenntnis Fehler gemacht werden.

Energy-Drinks

Gehörst du auch zu den Konsumenten von koffeinhaltigen Getränken? Dann ist das folgende Kapitel wichtig für dich. Marketingstrategen wissen genau, mit wie viel Zuckerbeigabe und mit welchen Slogans sie

Jugendliche zum Kauf von Energy-Drinks verführen können. Die großen Hersteller betreiben aggressives Marketing durch Animationsfilme, die besonders Teenager ansprechen. Das Geschäft boomt, Marktführer Red Bull hat schon mehr als 40 Milliarden Dosen verkauft.

Wissenschaftler haben einen Höchstwert für Kinder und Jugendliche ermittelt. Demnach überschreitet beispielsweise ein zwölfjähriger Junge mit 50 kg Körpergewicht schon mit einer 0,5 Literdose eines Energy-Drinks die unbedenkliche Menge.

Neben der aufputschenden Wirkung können Energy-Drinks auch unerwünschte Nebenwirkungen wie Herzrasen, Unruhe und Nervosität verursachen. Noch massiver schädigen die sogenannten Energy Shots, die Koffein und Taurin in besonders konzentrierter Form enthalten. Es ist also keine gute Idee, solch ein Getränk vor oder während einer Klassenarbeit zu trinken. Ich habe schon Schüler beim Schreiben ihrer Klassenarbeit beobachtet, deren Hände so gezittert haben, dass sie kaum noch schreiben konnten. Natürlich ging dabei die Note in die Hose. Es ist ein Irrtum, dass dich dieses Getränk leistungsstärker macht. Lass die Finger davon!

Dies ist kein Hirngespinst der ewig mahnenden Erwachsenen, das kannst du daran erkennen, dass Litauen ein Abgabeverbot an Jugendliche erlassen hat. Eine neue Studie (EFSA, siehe Hinweise zu Studien S. 184) hat gezeigt, dass ca. 7 % der Jugendlichen als „Hochverzehrer“ von Koffein gelten. Diese Jugendlichen trinken mehr als einen Liter pro Konsum und das mehr als dreimal pro Woche! Das kann zu Herz-Rhythmus-Störungen, Krampfanfällen oder Nierenversagen führen. Bei einer Vorschädigung des Kreislaufs kann es zu schweren Komplikationen kommen.

Das Stück Traubenzucker

Immer wieder bringen gesunde Schüler zu Klassenarbeiten oder Prüfungen ein Päckchen Traubenzucker mit. Dabei sollte aber unbedingt die Wirkung von Traubenzucker auf den Körper bedacht werden, damit später nicht eine unerwünschte Reaktion genau das Gegenteil von dem bringt, was man sich erhofft hat. Das Essen von Traubenzucker bringt leider nur eine kurzfristige und keine stabile, bleibende Leistungssteigerung. Er geht zu schnell ins Blut über und bringt nur eine kurzfristige Glucose-Erhöhung, danach sogar einen spürbaren Glucose-Abfall. Falls zu viel Traubenzucker ins Blut gelangt, wird die Bauchspeicheldrüse gezwungen, mit einer (zu) hohen Insulinausschüttung zu reagieren. Nach etwa zwei Stunden kann es dann zu einer gefährlichen Unterzuckerung kommen. Der Betroffene fühlt sich hungrig, wackelig und gestresst. Besser ist es, zwischendurch einen Apfel oder eine Banane zu essen. So wird die Glucose wohldosiert und nach und nach an das Gehirn abgegeben.

Die wichtigsten Einflüsse von Glucose:
- Die Merkspanne wird erhöht.
- Die Informationsverarbeitung wird schneller.
- Die Aufmerksamkeit wird verbessert.
- Die Konzentrationsfähigkeit wird vertieft.
- Die Lernleistung wird verbessert.
- Das räumliche Gedächtnis wird aktiviert.
- Das Gedächtnis für Ereignisse und Worte wird verbessert.

Wir können uns das Gehirn als Hochenergiezentrale vorstellen. Es muss gut versorgt werden, um optimale Leistung zu erbringen.

Studentenfutter

Es hat seinen Namen zu Recht. Diese Mischung aus Nüssen und Trockenobst ist tatsächlich besonders gut fürs Gehirn und damit fürs Lernen geeignet. Eine Portion davon im Schulranzen für die große Pause oder am Nachmittag zu Hause als Zwischenmahlzeit ist ein guter Fitmacher für geistige Anstrengungen. Nüsse weisen einen hohen Gehalt an für unser Denkorgan wichtigen Spurenelemente auf, wie zum Beispiel Eisen, Phosphor, Kupfer und Zink.

Mineralwasser

Trinken ist sehr wichtig für unsere gesunde Leistungsfähigkeit. Immerhin besteht der Körper zu über 70 % aus Wasser und braucht deshalb viel Flüssigkeit, um arbeiten zu können. Am besten, du trinkst gutes, frisches Wasser oder Mineralwasser. Bei zuckerhaltigen Getränken und Softdrinks solltest du Zurückhaltung üben. Zu viel davon kann zu negativen Folgen führen.

Übergewicht

Falls du selbst zu den Betroffenen gehörst oder ein guter Freund oder eine Freundin von dir, dann zeige deinen, seinen oder ihren Eltern dieses Kapitel und bitte sie, es zu lesen.

In Deutschland sind 15 % der Kinder übergewichtig, 6 % sogar adipös, also fettleibig. Eltern sollten das Übergewicht ihres Kindes nicht verharmlosen, denn diese müssen mit den Folgeproblemen ein Leben lang kämpfen. Zunächst einmal steht die alltägliche psychische Belastung im Vordergrund. Mögliche Hänseleien durch Klassenkameraden, Schwierigkeiten im Sportunterricht, beim Treppensteigen und soziale Einschränken erschweren den Schulalltag. Dazu kommt ein enormes gesundheitliches Risiko. Bei erhöhtem Übergewicht steigt die Wahrscheinlichkeit, an Diabetes, einer Herz-Kreislauf-Störung und in späteren Jahren an Demenz zu erkranken, stark an. Trotz diesen allgemein bekannten Risiken steigt die Zahl der übergewichtigen Kinder in den wohlhabenden Industieländern rapide an. Das Übergewicht wird deshalb schon als globale Epidemie des 21. Jahrhunderts bezeichnet. Es ist dringend notwendig, dieser Entwicklung Einhalt zu gebieten, um einen zukünftigen gigantischen Aufwand an Gesundheitsleistungen abzuwenden. Traurige Tatsache ist es nämlich, dass 80 % der übergewichtigen Kinder auch in ihrem späteren Leben übergewichtig bleiben. Zu den Krankheiten, die aufgrund von Übergewicht entstehen, zählen alle Arten von Gefäßverstopfungen (sie führen z. B. zu Hirnschlag oder Herzinfarkt) oder Erkrankungen der Gelenke.

Es gibt verschiedene Ursachen für diesen dramatischen Anstieg von Übergewicht:

- Die ständige Verfügbarkeit von Nahrungsmitteln,
- falsche Essgewohnheiten,
- falsche Trinkgewohnheiten,
- mangelnde Bewegung,

- mangelndes Bewusstsein für gesunde und nahrhafte Nahrung,
- schlechte Vorbilder,
- psychische Faktoren,
- genetische Faktoren.

Sehr häufig werden leider vorschnell die genetischen Faktoren als bequeme Ausrede missbraucht. Problematisch ist in diesem Zusammenhang besonders die massive Werbung, welche die Kinder als Zielgruppe anvisiert. Viele von den angepriesenen Produkten sind zwar optisch ansprechend, tragen aber nichts zur Gesundheit bei. Ein umfassender Marktcheck von foodwatch zeigt: Das Gegenteil ist der Fall, diese Nahrungsgruppen enthalten oft mehr Zucker und mehr Fett, aber auch Farb- und Konservierungsstoffe als die herkömmlichen Lebensmittel (www.foodwatch.org, 02/2015).

Dicke Kinder werden von ihren Mitschülern oft gehänselt, geärgert und sogar geschlagen. Durch ihr Dicksein haben sie häufig ein schwaches Selbstwertgefühl und geraten in einen Teufelskreis: Sie ziehen sich zurück, brechen Freundschaften ab, werden zu Außenseitern, bleiben zu Hause und – essen noch mehr! Helfen kann hier der Kinderarzt, ein Kinder- und Jugendpsychologe, die Erziehungsberatungsstelle oder spezialisierte Einrichtungen.

5 Erkenntnisse aus der Gehirn- und Lernforschung

5.1 Das Gehirn

Unser Gehirn ist die Steuerzentrale für unseren gesamten Körper. Es arbeitet mit elektrischen Hirnströmen und mit chemischen Botenmolekülen, wobei eine neuronale Netzaktivität entsteht. Durch den Einsatz modernster Technik macht die Hirnforschung riesige Fortschritte und liefert immer wieder erstaunliche neue Erkenntnisse. Wir erfahren immer mehr darüber, wie unser Gehirn Informationen aufnimmt, verarbeitet und abspeichert. Alles, was wir wahrnehmen, tun oder erleben, produziert Spuren in unseren Nervennetzen. Lernen bedeutet also vereinfacht ausgedrückt, dass sich die Verschaltungen unserer Gehirnzellen geändert haben.

Unser Gehirn lässt sich in die drei Hauptteile Stammhirn, Kleinhirn und Großhirn einteilen, die im Zusammenspiel verschiedene Aufgaben erledigen. Das Stammhirn steuert u. a. das Atmen, den Herzschlag und die Verdauung. Das Kleinhirn ist für die Koordination von Bewegungen zuständig, während das Großhirn Denken und Handeln steuert. Außerdem gibt es im Gehirn ein Gefühlszentrum, unsere emotionale Steuerungszentrale, die stark vereinfacht oft als Limbisches System bezeichnet wird. Ein wichtiger Teil davon heißt Hypothalamus. Er ist so etwas wie das Kontrollzentrum des Körpers, er steuert u. a. Körpertemperatur, Fortpflanzung, Nahrungsaufnahme und Schlaf.

Das durchschnittliche Gehirn des Menschen wiegt etwa 1,4 kg. Es verbraucht sehr viel Sauerstoff, der mit Hilfe von täglich 2.000 Litern Blut angeliefert wird. Ohne Sauerstoff sterben bereits nach wenigen Sekunden Nervenzellen ab. Dass es sehr aktiv arbeitet, sieht man daran, dass es zwar nur 2 % des Körpergewichts ausmacht, aber mehr als 20 % der Energie des gesamten Körpers verbraucht. Es besteht in der Hauptsache aus Neuronen (Nervenzellen) und aus Axonen (Faserverbindungen) zwischen den Neuronen. Gliazellen bilden in erster Linie ein Stütz- und Versorgungsgewebe für die Neuronen, nehmen aber auch an der neuronalen Erregungsvermittlung teil. Die etwa 100 Milliarden Neuronen des Gehirns sind jeweils mit bis zu 10.000 anderen Neuronen verbunden und bilden ein unüberschaubares Netzwerk, das Denken, Lernen, Fühlen und Handeln hervorbringt.

Mit einem bildhaften Vergleich kannst du dir die Arbeitsweise eines Gehirns vorstellen. Erfahrungen und Lernen hinterlassen, vereinfacht ausgedrückt, Spuren im Gehirn. Dies können wir mit der Entstehung eines Verbindungswegs zwischen zwei einsamen Hütten in einer verwilderten, einsamen Landschaft vergleichen. Zuerst bahnt sich eine Person einen Weg, indem sie Gestrüpp zur Seite räumt und Gras niedertritt. Ein schmaler Fußpfad entsteht, der durch mehrmalige Benutzung zu einem etwas breiteren Trampelpfad wird. Wenn dieser Pfad nun häufig und von vielen Personen benutzt wird, kann mit der Zeit sogar ein breiter, befahrbarer Weg entstehen. Bereits in dieser einfachen Analogie kannst du das Prinzip des Wiederholens entdecken, es ist ein Wesensmerkmal des Lernens. Für den Weg im Gelände ist es wichtig, bald nach der Anlage der ersten Spur den Pfad wieder zu benutzen, sonst wächst das Gestrüpp rasch darüber und die Spur verschwindet. Auch beim Lernen ist das zeitnahe Wiederholen von Nutzen. Bei jedem erneuten Aufruf eines frisch gelernten Sachverhaltes verstärken sich die Verbindungen zwischen den Speicherplätzen in der Großhirnrinde.

Das menschliche Gehirn ist so komplex und einzigartig aufgebaut, dass jeder Vergleich hinkt. Auch der Vergleich mit der Arbeitsweise eines Computers ist so stark vereinfacht, dass er den wahren Sachverhalt weitgehend verfälscht. Dennoch helfen Vergleiche, um die Arbeitsweise unserer grauen Masse verständlich zu machen.

Jegliches Lernen ist mit einer Veränderung im Gehirn verbunden, einer Verstärkung von synaptischen Verbindungen (Synapsis = Kontaktstelle zwischen zwei Neuronen). Wird ein Gedankenweg häufig benutzt, dann bleiben die Verbindungen stabil. Umgekehrt verkümmert die Nervenbahn, wenn dieser Weg nicht mehr benutzt wird. Im Gehirn laufen physikalische und chemische Prozesse ab. Nervenzellen kommunizieren über elektrische Signale und sie senden chemische Botenstoffe aus. (Rubner, 2014). Das Gehirn ist das anpassungsfähigste Organ des Menschen und das komplizierteste Gebilde des bekannten Universums.

Merke:

Lernen kann man als Nervenzellentraining bezeichnen. Wie beim Training die Muskeln stärker werden, so wächst der für bestimmte Reize zuständige Bereich im Gehirn messbar, wenn er über einen längeren Zeitraum hinweg regelmäßig stimuliert wird.

Es gibt im Gehirn, in der rechten und linken Hirnhälfte, je eine längliche bohnenförmige Struktur, den Hippocampus. Aus dem Griechischen übersetzt heißt diese Struktur Seepferdchen, obwohl sie nur mit sehr viel Fantasie wie ein solches aussieht. Die Bedeutung des Hippocampus ist für das Lernen sehr groß. Immer wenn ein *neuer* Sachverhalt gelernt werden soll, muss dieser zuerst vom Hippocampus aufgenommen werden.

Heute kann man dem Gehirn mittels der sogenannten funktionellen Magnetresonanztomographie (fMRT) beim Arbeiten zuschauen. Dies ist ein bildgebendes Verfahren, bei dem Menschen bestimmte Aufgaben bekommen und Forscher gleichzeitig auf einem Bildschirm sehen können, welche Gehirnareale bei der Lösung dieser Aufgaben aktiv sind. Auf diese Art und Weise kommt die moderne Gehirnforschung den Funktionen der einzelnen Gehirnteile immer mehr auf die Spur. Diese Fortschritte haben auch Auswirkungen auf unser Verständnis vom Lernen und damit auf die Verbesserung unserer Lernstrategien.

Von klein an lernt der Mensch

Wie und wofür ein Kind sein Gehirn benutzt, entscheidet darüber, welche Verschaltungen zwischen den unzähligen Nervenzellen besonders oft gebraucht und dabei stabilisiert werden und welche sich nur schwach entwickeln oder eventuell absterben.

„Use it or lose it“, ist ein Spruch, der auf das Gehirn angewendet bedeutet, dass Gehirnzellen, die nicht gebraucht werden, absterben. Der Psychologe und Bestsellerautor Daniel Goleman beschäftigte sich intensiv mit der Entwicklung von Kindern (Goleman, 1997). Besondere Aufmerksamkeit widmete er den Anfangsjahren, da das Gehirn eines

Kindes in den ersten drei bis vier Jahren auf rund zwei Drittel seines endgültigen Volumens anwächst und in seiner Komplexität schneller zunimmt, als es später je wieder der Fall sein wird. Lernprozesse laufen in dieser Phase leichter ab als im späteren Leben. Menschen brauchen unter allen Lebewesen am längsten, bis ihr Gehirn völlig ausgereift ist. In der Kindheit entwickeln sich bestimmte Hirnareale unterschiedlich schnell und mit dem Einsetzen der Pubertät beginnt dann eine umfassende Reorganisation des Gehirns. Es arbeitet dadurch effizienter. Die Geschwindigkeit der entwicklungsbedingten Veränderung schwankt von Kind zu Kind beträchtlich. Mehrere für Gefühlswelt und Selbstkontrolle wichtige Areale reifen besonders spät (Aamodt, 2012).

Merke:

Die sich in der Kindheit herausbildenden Gewohnheiten formen oft lebenslange Neigungen.

Durch das Lernen verändert sich der Mensch. Lernen ist ein aktiver Vorgang, in dessen Verlauf sich Veränderungen im Gehirn ergeben. Ob man es will oder nicht, das Gehirn lernt immer. Wie sehr sich das Gehirn beim Lernen ändert, kann die Neurobiologie eindrucksvoll nachweisen. Heutige Kinder und Jugendliche benutzen durch ihr häufiges Schreiben eines Bildschirmtextes oder einer SMS ihren Daumen sehr viel mehr, flinker und besser als frühere Jahrgänge. Dadurch haben sich in der Hirnregion, die den Daumen steuert, sichtbar und messbar dichtere Vernetzungen entwickelt.

Bei Kindern ist die Lerngeschwindigkeit besonders groß. Deshalb ist es wichtig für dich, in deiner Schulzeit so viel wie möglich zu lernen. Man spricht heute bei der Entwicklung des jungen Menschen von sogenannten Lernfenstern. Wie bei richtigen Fenstern stehen diese eine gewisse Zeit offen und sind bereit, bestimmten Lernstoff aufzunehmen. So lernt der Mensch in der Regel eine Sprache nur bis zu einem Alter von 10 Jahren perfekt. Danach wird das Sprachenlernen mühsamer und gelingt meist nicht mehr so gut und man hört gewöhnlich einen Akzent. Ein weiteres Beispiel ist das Lesenlernen. Hier schließt sich das Lernfenster mit etwa 14 Jahren. Danach wird es sehr viel schwieriger, fließend lesen zu lernen.

Woher kommt die Motivation zum Lernen?

Wieso lernst du eigentlich? Was treibt dich an? Warum lernt überhaupt jemand? Mit diesen Fragen hat sich die Hirnforschung intensiv beschäftigt. Die Entdeckung der Funktionsweise der menschlichen Motivationssysteme liegt erst einige Jahre zurück – und hat selbst die Fachwelt verblüfft: Das natürliche Ziel der Motivationssysteme sind soziale Gemeinschaft und gelingende Beziehungen zu anderen Menschen. (Bauer, 2008). Mit anderen Worten: Die Motivation dient dazu, zwischenmenschliche Anerkennung, Wertschätzung, Zuwendung oder Zuneigung zu bekommen oder zu geben. Die Hormone Dopamin, endogene Opioide und Oxytocin helfen unserem Organismus, soziale Resonanz zu erhalten und in Kooperation mit anderen zu treten. Was für andere Tätigkeiten gilt, gilt selbstverständlich genauso für das Lernen.

5.2 Lernen mit Bildern

Das visuelle Gedächtnis

Gedächtnisweltmeister haben verschiedene Techniken, aber diese basieren zumeist auf dem Denken in Bildern. Ein eindrucksvolles Beispiel (Birkenbihl, 2003) soll das verdeutlichen. Drehe das Buch um, lies den Satz im Kasten nur ein- bis zweimal durch und versuche, ihn dann auswendig aufzusagen.

„Ein Zweibein sitzt auf einem Dreibein
und isst ein Einbein. Da kommt ein
Vierbein und nimmt dem Zweibein das
Einbein weg, da nimmt das Zweibein das
Dreibein und schlägt das Vierbein.“

Falls es dir nicht gelungen ist, hast du den Satz Wort für Wort gelesen und versucht, ihn dir einzuprägen. Es ist kein Wunder, dass dir das schwerfällt, denn die Wörter Einbein, Zweibein usw. sind abstrakt und machen keinen Sinn. Und nun kommt die Überraschung.

Stelle dir vor, dass das Einbein eine Hähnchenkeule ist, das Zweibein ein Mensch, das Dreibein ein Hocker und das Vierbein ein Hund, dann wird die Geschichte plötzlich konkret und bildhaft. Wenn du den Satz jetzt mühelos wiederholen kannst, dann hast du erfahren, dass bildhafte Vorstellung beim Lernen hilft.

Merke:

Bilder sind die Schlüssel zum Reich des außergewöhnlichen Gedächtnisses!

Ein weiteres Beispiel kann dir das gute Funktionieren deines visuellen Gedächtnisses klarmachen (Geisselhart, 2013). Wenn du im Radio folgende Beschreibung eines Verbrechers hörst: „Der Täter ist blond, hat kurzes, aus der Stirn gekämmtes Haar, auffallend schmale, zusammengekniffene Lippen, graugrüne Augen und eine Narbe unter dem linken Auge“, so kannst du dir das sicherlich weniger gut merken, als wenn du ein Foto oder eine Zeichnung des Gesichtes zu sehen bekommst. Der Grund ist einfach zu erklären: Wenn du die Beschreibung *hörst*, musst du sechs verschiedene Detailinformationen *nacheinander* abspeichern. Wenn du dagegen das Bild *siehst*, speicherst du alle auffälligen Merkmale des Gesichtes fast *gleichzeitig*. Mit anderen Worten, du brauchst einfach weniger Speicherkapazität, um dir ein Bild einzuprägen, als wenn du dir dasselbe in Form von Worten merken musst. Kinder beherrschen das Denken in Bildern noch besser als Erwachsene. Daher kommt der oft verblüffende Erfolg der Kinder beim Memory-Spiel, bei dem es darum geht, sich die Bilder auf den Kärtchen und deren genaue Lage zu merken.

In einem alten chinesischen Sprichwort heißt es: Ein Bild sagt mehr als tausend Worte. Man kann sich die Zeit damals ja kaum vorstellen. Es gab noch keine Fotoapparate, kein Fernsehen und kein Kino. Dieses Sprichwort galt also nur für von Menschen gemalte Bilder und Skizzen, aber es hatte schon damals seine Gültigkeit. Weil also ein einzelnes Bild so viel aussagt und vieldeutig ist, sind Bildbeschreibungen in der Schule nicht sonderlich beliebt. Es ist oft schon eine schwierige Aufgabe das Bild, das man sieht, genau zu beschreiben. Wenn man dann noch ausdrücken soll, was der Künstler mit seinem Bild dem Betrachter eigentlich sagen wollte, dann wird die Aufgabe manchmal zu einem echten Problem.

Merke:

Das Problem ist: Jeder Mensch macht sich individuell andere innere Bilder!

Jüngeren Schülern werden oft Bildergeschichten, die aus vier einfachen Bleistiftskizzen bestehen, zur Beschreibung vorgegeben. Diese sind wesentlich einfacher zu erfassen und zu beschreiben als bunte, große Ölgemälde von Künstlern. Wieso das so ist, werden wir später sehen.

Ein Blick in die Geschichte

Johann Amos Comenius (Dieterich, 1991) erwähnte 1655 zum ersten Mal seine Absicht, ein bebildertes Lehrbuch zu verfassen. Tatsächlich erschien dann 1658 sein Werk „Orbis Pictus", zu Deutsch „Die Welt in Bildern". Es war das erste europäische Lehrbuch mit Bildern und wurde zum meistverbreiteten Lehrbuch der deutschen Geschichte. Es erschien in über 250 Ausgaben und wurde bis zum Ende des 19. Jahrhunderts in der Schule eingesetzt. Neu war bei Comenius, dass er die Welt nicht nur in Worten beschrieben, sondern auch in Bildern dargestellt hat. Damit setzte Comenius seine pädagogische Forderung, die ganze Schule solle aus Bildern bestehen, in die Tat um. Das von Comenius geschaffene kombinierte Bild- und Wörterbuch erlaubt ein mehrfaches Durchgehen: Zuerst sieht sich das Kind, das noch nicht lesen kann, die Bilder an, im zweiten Durchgang liest es die wichtigsten Wörter, im dritten den gesamten Zusammenhang in der muttersprachlichen Erklärung und im letzten schließlich den lateinischen Text. So lernen die Schüler immer dasselbe, nur jeweils auf einer schwierigeren Stufe. Es war die erklärte Absicht von Comenius, die Schule zu einem Ort der Freude zu machen.

Die Bilderflut

In der heutigen Zeit der permanenten Reizüberflutung sind fast alle Menschen in der westlichen Welt einer ständig zunehmenden Bilderflut ausgesetzt. Kinder wachsen heute in einer neuen Realität auf, in der sie sich mehr auf Maschinen und weniger auf Menschen einstellen als je zuvor in der Menschheitsgeschichte. Die zeitintensive Beschäftigung mit den digitalen Medien hat einen hohen Preis, weil echte Begegnungen mit Menschen in der realen Welt minimiert werden (Goleman, 2014). Kinder und Jugendliche chatten mit ihren Smartphones, zappen sich durch die Fernsehprogramme, surfen im Internet, spielen interaktiv am Computer und gehen ins Kino. Die Vielfältigkeit neuer und alter Medien erzeugt eine unvorstellbare, schwer zu bewältigende Informationsflut.

Merke:

Nur wenn Kinder lernen, diszipliniert und kompetent mit dieser Informationsflut umzugehen, können sie Informationen sinnvoll auswählen und behalten die Orientierung.

Positive Auswirkungen der Bilderflut

Es geht darum, die modernen Bildschirmmedien nicht von vornherein zu verteufeln. Forscher haben heraus gefunden, dass Schüler den größten Wissenszuwachs erreichen, wenn sie nicht nur von Lehrern unterrichtet werden, sondern auch Computer und Internet nutzen dürfen.

Der neuseeländische Politikwissenschaftler James Flynn (Rötzer, 2000) entdeckte bereits in den achtziger Jahren, dass die IQ-Werte in den Industrieländern seit Anfang des 20. Jahrhunderts kontinuierlich zugenommen haben. Wer demnach vor einem Jahrhundert noch zu den besten 10 % gehört hat, so Flynn, gehört heute zu den „schlechtesten" 5 %.

Merke:

Das IQ-Wachstum beruht im Wesentlichen auf den verbesserten Fähigkeiten, abstrakte Probleme und visuelle Zusammenhänge schneller zu erkennen.

Bemerkenswert ist, dass sich die sprachlichen und mathematischen Kenntnisse kaum verändert haben. Inzwischen sind viele Psychologen und Wissenschaftler überzeugt, dass Kinder und Jugendliche im intelligenten Umgang mit den neuen Medien ihre visuellen Fähigkeiten schulen und entwickeln und damit viele schwierige Aufgaben bewältigen können. Eine neue bedeutsame Entwicklung ist eingetreten.

Merke:

Der gekonnte Umgang mit den neuen digitalen Medien Smartphone, Tablet und Notebook zeigt die Lernfähigkeit der jungen Leute.

5.3 Erfolg durch ein gutes Gedächtnis

Hast du dir schon einmal Gedanken darüber gemacht, wo die guten Schulleistungen deiner Mitschüler herkommen? Du denkst, von der Intelligenz natürlich. Damit hast du nicht ganz Unrecht. Wenn du nun aber dem Trugschluss erliegst „So intelligent bin ich eben nicht!“, dann hast du dir eine genauso bequeme, wie falsche Ausrede zurechtgelegt. Denn die guten Schulnoten haben noch mit einer anderen Fähigkeit zu tun, die du durchaus trainieren kannst: Mit einem ausgezeichneten Gedächtnis.

Beispiel: Martin

Martin hat mir seine Geschichte einige Jahre nach der Prüfung selbst erzählt. Er schnitt im mündlichen Mathematik-Abitur hervorragend ab, weil er eine Aufgabe perfekt löste. Tatsächlich hatte er die Theorie dazu nie wirklich begriffen, aber dank seines sehr guten Gedächtnisses erinnerte er sich genau daran, dass diese Aufgabe vom Lehrer an der Tafel vorgerechnet worden war und dass er sie sorgfältig in sein Heft übertragen und sie danach noch ein paarmal durchgelesen hatte. Da er keinen Fehler in seiner Prüfung machte, hakte der Prüfer nicht nach und bemerkte so nicht, dass Martin wirklich nichts begriffen hatte.

Das ist natürlich kein Beispiel zum Nachahmen, dazu ist es zu extrem und braucht den berühmten „Glücksfaktor“, den man nicht erzwingen kann, aber es zeigt doch, was für ein tolles Instrument ein gutes Gedächtnis ist.

Merke:

Ein gutes Gedächtnis bringt eine Riesenportion Schulerfolg, macht das Schulleben angenehmer, schützt vor Enttäuschungen und hilft, Zeit zu sparen.

Gedächtnistraining mit der Geschichten-Methode

Hier möchte ich dir die Geschichten-Methode vorstellen. In einer Fernsehshow sollte sich der siegreiche Kandidat am Ende der Sendung möglichst viele Gegenstände merken, die auf einem *Laufband* vor seinen Augen vorbei gezogen wurden. Je mehr er sich merken konnte, umso mehr durfte er hinterher behalten. Hier hat sich ein gutes Gedächtnis im wahrsten Sinne des Wortes ausgezahlt. Wie viele Gegenstände könntest du dir merken? Probiere es doch gleich einmal selbst aus.

Übung: Laufband

Lies die folgende Wortkette aufmerksam durch und präge dir die Begriffe innerhalb von fünf Minuten so gut wie möglich ein. Danach legst du das Buch beiseite und beschäftigst dich zehn Minuten lang mit etwas anderem. Anschließend versuchst du, möglichst viele Begriffe in der richtigen Reihenfolge aufzuschreiben.

Stelle dir vor, dass auf deinem Laufband jetzt nacheinander folgende Gegenstände erscheinen:

- ein Fernseher,
- ein Rasenmäher,
- ein Fahrrad,
- eine Sonnenbrille,
- ein Ledermantel,
- ein Paar Schwimmflossen,
- ein Hotelgutschein für Hawaii,
- ein Sportwagen,
- ein Rucksack,
- ein Handy,
- ein Sofa,
- ein Schreibtisch,
- ein MP3-Player,
- ein Taschenmesser,
- ein Kalender.

Mal ehrlich, wie viele Begriffe hast du nach den zehn Minuten noch gewusst? Waren es zehn? Oder sogar zwischen zwölf und fünfzehn? Dann bist du schon fast ein Gedächtnis-Genie! Denn mit einem normal geübten Alltagsgedächtnis merken wir uns ohne große Anstrengung gerade mal maximal sieben Begriffe, dann fängt es schon an, schwierig zu werden.

Jetzt will ich dir zeigen, wie du dir mühelos noch mehr einprägen kannst. Dazu brauchst du viel Fantasie und ein bildhaftes Vorstellungsvermögen. Wichtig ist dabei, die Bilder zu einer bewegten, absurden Geschichte zusammenzufügen. Mit anderen Worten, du musst dir einen „inneren" Film zusammenbauen. Je witziger und unwirklicher, umso besser.

Übung: Geschichten-Methode

Stell dir vor: Du schaltest einen riesigen *Fernseher* ein und direkt danach fährt ein *Rasenmäher* aus dem Bildschirm heraus auf dich zu. Du setzt dich schnell auf dein *Fahrrad* und fliehst damit an den Strand. Du findest einen verlassenen Liegeplatz und beginnst dich zu verkleiden, du setzt dir eine *Sonnenbrille* auf, schlüpfst in einen herumliegenden *Ledermantel* und ziehst *ein Paar Schwimmflossen* an. Nun steckst du dir einen *Hotelgutschein für Hawaii* zwischen die Lippen und schwimmst schnell los. Dort angekommen wartet schon ein *Sportwagen* mit geöffneter Hintertüre auf dich, du steigst ein, findest neben dir einen *Rucksack*, aus dem ein *Handy* klingelt. Du nimmst das Gespräch an und eine Stimme erklärt dir den Weg zu deinem Hotelzimmer. Dort lässt du dich erschöpft auf das *Sofa* plumpsen. Vor dir steht ein *Schreibtisch* mit einem *MP3-Player.* Du diktierst deine Erlebnisse, nimmst das bereit liegende *Taschenmesser* und schneidest damit den heutigen Tag aus dem *Kalender.*

Du kannst diese Geschichte natürlich nach deinem Geschmack variieren und noch absurder gestalten. Wenn du mit deinem inneren Auge die Bilder lebhaft vor dir siehst, hast du die besten Voraussetzungen, dich an die Begriffe zu erinnern. Versuche es gleich jetzt. Notiere hier die 15 gemerkten Begriffe.

____

____

____

Du fragst dich jetzt wahrscheinlich, warum du dir diese absurde Geschichte so gut merken konntest, was dir bei einer Nacherzählung in der Schule bisher nicht gelungen ist. Dazu gibt dir die Gehirnforschung folgende Erklärung: Die Speicherplätze für visuelle Eindrücke in der Großhirnrinde nehmen zusammen ca. ein Drittel des gesamten Cortex' ein. Das bedeutet, dass das Gehirn sich sehr auf Bilder spezialisiert hat. Des Weiteren hilft eine Gehirnstruktur namens Amygdala als Speicherturbo zum besonders wirksamen Abspeichern von emotional gefärbten Inhalten. Deshalb kannst du dich minutiös an Ereignisse erinnern, die dich extrem gefreut oder geärgert haben. Dafür findest du sicherlich auch noch eigene Beispiele.

Merke:

Erinnerung ist keine Reproduktion, sondern eine Rekonstruktion.

Bei der Geschichten-Methode werden das visuelle und das emotionale Gehirnsystem gleichzeitig angesprochen, was zu dem überraschenden Merkeffekt führt.

5.3.1 Die wichtigsten Merkregeln

In unserer Beispielgeschichte wurden die wichtigsten Regeln berücksichtigt, die dir helfen, alle denkbaren Begriffe zu merken. Hier ist eine Zusammenfassung davon.

Wichtige Merkregeln

- Versuche, dir möglichst lustige und originelle Bilder vorzustellen. Die Geschichte soll nicht logisch sein. Du kannst beispielsweise mit Turbo-Schwimmflossen an den Füßen über den Ozean schweben.
- Bleibe ruhig bei deiner ersten Assoziation. Sie ist meistens die beste und diejenige, welche dir später wieder als erste einfällt!
- Gib einem Begriff eine neue Funktion.
- Übertreibe Größe, Zahl, Menge oder Form der Gegenstände.
- Bringe so oft wie möglich Bewegung und Handlung in deine Bildvorstellung hinein. Fahre auf dem Rasenmäher oder auf dem Fahrrad, anstatt diese Gegenstände nur statisch wahrzunehmen!
- Verknüpfe die Begriffe und Handlungen auch mit den dazu passenden Geräuschen, mit Geruch und Geschmack.
- Zum Schluss das Allerwichtigste: Du musst die Verknüpfungsbilder so klar, deutlich, plastisch und lebhaft wie möglich vor deinem inneren Auge sehen.

Und jetzt heißt es üben, üben, üben …

Wenn du nun verstanden hast, worum es geht, kannst du mit den Übungen beginnen. Die Verknüpfungen, die dir selbst einfallen, werden dir am besten im Gedächtnis haften bleiben.

Übung: Einkaufsliste mithilfe der Geschichten-Methode merken

Merke dir folgende Einkaufsliste mit Hilfe einer einprägsamen Geschichte:

- Orangen
- Äpfel
- Briefumschläge
- Spaghetti
- Rosen
- Butter
- Salami
- Käse
- Klebeband
- Kopfsalat

Lösungsvorschlag

Du überlegst dir eine Geschichte, in der alle Artikel deiner Einkaufsliste vorkommen. Dazu ordnest du diese in einer neuen Reihenfolge, damit sie gut in deine Geschichte passen.

Zum Beispiel: Du könntest aus der Einkaufsliste ein ungewöhnliches und leckeres Essen für deine Mutter zusammenstellen. Zuerst bereitest du mit dem *Kopfsalat*, den *Äpfeln* und den *Orangen* einen bunten Salat zu, dann kochst du die *Spaghetti*, gießt das Wasser ab, gibst *Butter*, *Salami* und *Käse* dazu und verrührst alles kräftig. Nun stellst du die *Rosen* in eine Vase, schreibst einen lieben Gruß an deine Mutter auf einen *Briefumschlag* und klebst diesen mit einem *Klebeband* an die Vase. Salat, Spaghetti und Vase stellst du auf den Tisch.

Kannst du diese Geschichte nacherzählen? Versuche es gleich einmal.

Danach schreibst du die Einkaufsliste auswendig auf.

____

____

____

____

____

____

____

Übung: Neue Einkaufsliste mithilfe der Geschichten-Methode merken

Nun sollst du es ohne Hilfe selbst versuchen. Erfinde dazu eine einprägsame Geschichte. Sie darf lustig, unlogisch und absurd sein.

- Kaffee
- Eier
- Pizza
- Zucker
- Pfeffer
- Kekse

- Salz
- Traubensaft
- Sahne
- Kuchen

Am besten, du ordnest die Liste zuerst in verschiedene Kategorien. Zum Beispiel so:

- *Fertiggebäck:* Kuchen, Kekse, Pizza
- *Zutaten:* Eier, Zucker, Sahne, Salz, Pfeffer,
- *Getränke:* Kaffee, Traubensaft

Überlege dir dazu eine Geschichte.

Schreibe nun die Einkaufsliste auswendig nieder.

Wenn du noch alle Begriffe gewusst hast, brauchst du in Zukunft keinen Einkaufszettel mehr mitzunehmen! Ab sofort schreibst du alles, was du einkaufen musst, auf eine Liste, ordnest die Artikel in Kategorien, erfindest eine Geschichte dazu und gehst dann ohne Zettel los. In kurzer Zeit wirst du feststellen, dass sich dein Gedächtnis dadurch sehr verbessert hat. Darüber hinaus hast du noch deine Fantasie trainiert.

5.3.2 Schulstoff lernen

Du wendest ein: In der Schule werde ich doch nicht nach Einkaufslisten gefragt. Das stimmt zwar, aber die vorgestellte Methode eignet sich auch für das Auswendiglernen von schwierigem Schulstoff.

Übung: Mit Hilfe der Geschichten-Methode Staaten auswendig lernen

Du musst die folgenden Staaten auswendig lernen. Sie sind nach der Einwohnerzahl geordnet. Die Liste beginnt mit dem bevölkerungsreichsten Staat. Dieses Mal sollst du dir den Staat und die Reihenfolge nach der Einwohnerzahl geordnet einprägen.

- China
- Indien
- USA
- Indonesien
- Brasilien
- Pakistan
- Bangladesch
- Nigeria
- Russland
- Japan
- Mexiko
- Philippinen
- Vietnam
- Äthiopien
- Ägypten
- Deutschland

Dies ist eine zweiteilige Aufgabe.

Teil 1: Zuerst prägst du dir zu jedem Staat ein charakteristisches Symbol ein.

Vorschlag:

- China – den typischen Chinesenhut
- Indien – einen Elefanten
- USA – die Freiheitsstatue
- Indonesien – eine Batik
- Brasilien – einen Fußball
- Pakistan – Friedensnobelpreisträgerin Malala[1]

1 Malala Yousafzai hat am 10. Dezember 2014 in Oslo den Friedensnobelpreis in Empfang genommen. Die mit 17 Jahren jüngste Friedensnobelpreisträgerin aller Zeiten wurde 2012 durch eine Attacke eines Taliban in den Kopf geschossen und schwer verletzt, weil es ihm nicht gefiel, dass sie zur Schule geht. Die Taliban haben allen Mädchen den Schulbesuch verboten. Malala kämpft für Bildung und gleiche Rechte für Frauen.

- Bangladesch – eine Jutetasche
- Nigeria – eine Erdölpipeline
- Russland – eine Flasche Wodka
- Japan – einen Fotoapparat
- usw.

Für die übrigen Länder überlegst du dir selbst ein Symbol. Falls dir zu einem Land ein anderes Symbol einfällt, ersetze das von mir vorgegebene einfach durch dein eigenes. Präge dir die Liste ein und kontrolliere dann, ob du zu jedem Land das richtige Symbol weißt.

Teil 2: Nun denkst du dir eine einprägsame, lebendige oder lustige Geschichte mit den Symbolen aus. Dabei musst du die Reihenfolge beachten.

Zum Beispiel: Ein wagenradgroßer, runder, spitzer Hut (*China*) wird von einer Windböe fortgerissen, flattert durch die Luft und bleibt auf dem Kopf eines Elefanten *(Indien)* hängen. Der Elefant will den Hut unbedingt abschütteln und schafft es aber nicht. Wutentbrannt trabt er auf die Freiheitsstatue *(USA)* zu und kracht mit seinem mächtigen Kopf gegen den Sockel der Statue. Die Freiheitsstatue beginnt durch den Aufprall ganz stark zu wackeln und fällt in ein riesiges Batik-Tuch *(Indonesien)*. Das Tuch schwingt heftig wie ein Trampolin. Ein zufällig angeflogener Fußball *(Brasilien)* trifft auf das Tuch, wird hoch geschleudert und fliegt direkt in die Arme von Malala *(Pakistan)*, die ihn lachend auffängt und in hohem Bogen weiter wirft. Der Ball landet zielsicher in einer überdimensional großen aufgefalteten Jutetasche *(Bangladesch)*. Durch die große Aufprallwucht verwandelt sich die Jutetasche. Sie wird röhrenförmig, immer länger, runder und fester, bis sie schlussendlich zu einer Erdölpipeline *(Nigeria)* geworden ist. Einige wodkatrinkende Männer stehen staunend daneben und prüfen die Pipeline, indem sie mit ihren Wodkaflaschen *(Russland)* an die Pipeline klopfen und anschließend mit ihren Flaschen durch die Luft fuchteln. Eine auffallend mit Fotoapparaten *(Japan)* über und über behängte Reisegruppe entdeckt diese lustige Szene und macht unzählige Fotos.

Aufgabe 1:
Wiederhole diese Geschichte sinngemäß, ohne abzulesen.

Aufgabe 2:
Gib die ersten zehn Staaten in der richtigen Reihenfolge an:

____

____

____

____

____

____

Aufgabe 3:
Erfinde eine Fortsetzung der obigen Geschichte mit den restlichen sechs Symbolen.

Aufgabe 4:
Gib alle 16 Staaten der Reihenfolge nach an.

Falls du diese Aufgabe gelöst hast, bist du in der Lage, dir auch andere Listen zu merken.

Merke:

Dies ist eine Methode, die Gedächtnisweltmeister einsetzen.

5.3.3 Verknüpfungen bilden

Angenommen, du darfst morgen in der Mathematik-Klassenarbeit auf keinen Fall deinen Radiergummi und deinen Zirkel vergessen, sonst gibt dir dein Mathelehrer von vornherein einen Punkteabzug, das hat er angedroht. Spürst du, wie dein Gehirn schon automatisch auf der Suche nach einem lustigen, ungewöhnlichen Clip ist?

Du könntest dir Folgendes vorstellen:

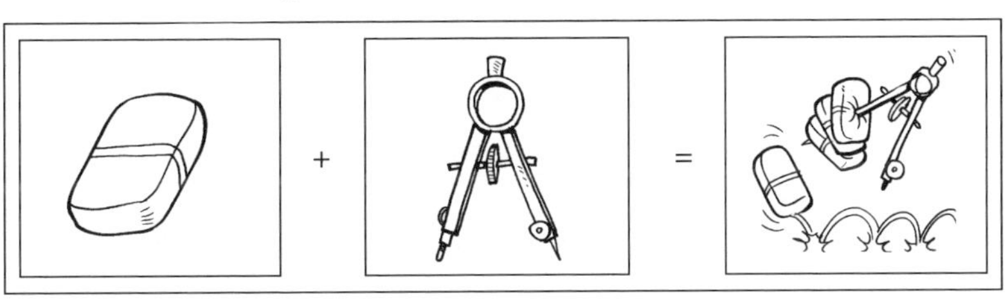

Zum Beispiel: In deinem Zimmer hüpfen plötzlich tausend Radiergummis herum und versperren dir die Sicht. Du nimmst einen großen Zirkel mit überdimensionaler Zirkelspitze, spießt damit einen Radiergummi nach dem anderen auf und legst diese Dinge in deinen Schulrucksack. Wenn du diesen Clip deutlich vor dir sehen kannst, hast du weitere Fortschritte gemacht. Ganz nebenbei hast du noch etwas gelernt. Die zahlenmäßige Übertreibung (die tausend Radiergummis) und die größenmäßige Übertreibung (der überdimensionierte Zirkel), helfen deinem visuellen Gedächtnis. Immer wenn du für ein paar Sekunden abschaltest und deinen Blick durch dein Zimmer schweifen lässt, solltest du die hüpfenden Radiergummis und den großen Zirkel sehen. Dann wirst du diese Sachen morgen ganz sicher in der Klassenarbeit bei dir haben.

Um dir zu zeigen, wie solche Assoziationen aussehen können, folgen nun Vorschläge, wie man Gegenstände auf lustige Weise miteinander verknüpfen kann. Natürlich sind das nur Anregungen – für jedes Gegenstandspaar gibt es Dutzende andere originelle Verknüpfungsmöglichkeiten.

Zum Üben kannst du auch das Verknüpfungskärtchen (rechts neben dem Gleichheitszeichen) mit einem Blatt Papier abdecken und dir selbst eine andere lustige Verknüpfung ausdenken.

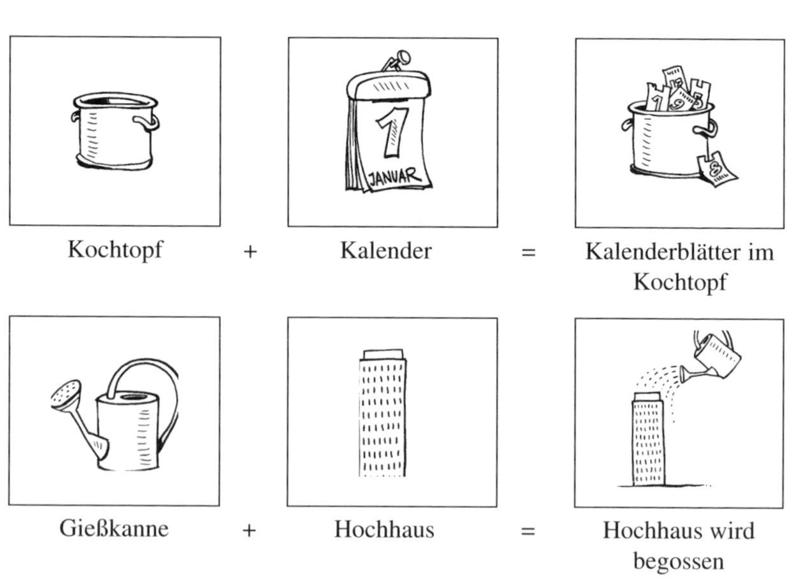

Kochtopf + Kalender = Kalenderblätter im Kochtopf

Gießkanne + Hochhaus = Hochhaus wird begossen

Vulkan + Auto = Vulkan auf Kühlerhaube
Saurier + Koffer = Saurier im Koffer
Schuh + Tasche = Tasche steckt im Schuh
Eis + Bleistift = Bleistift steckt im Eis
Buch + Segelboot = Segelboot auf dem Buch

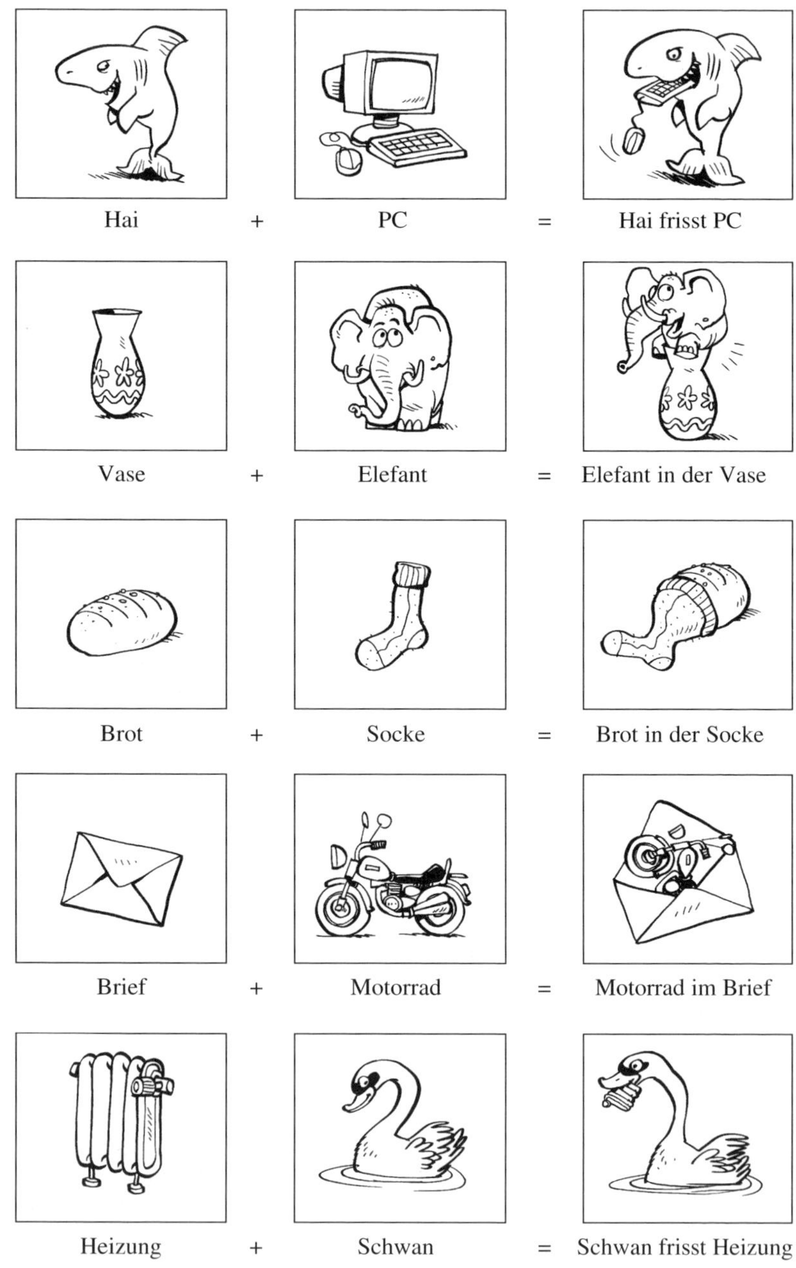
Hai + PC = Hai frisst PC
Vase + Elefant = Elefant in der Vase
Brot + Socke = Brot in der Socke
Brief + Motorrad = Motorrad im Brief
Heizung + Schwan = Schwan frisst Heizung

Geld + Kuh = Kuh frisst Geldscheine

Beim nächsten Beispiel sollst du daran denken, dass du morgen deinem Mitschüler Ferdinand eine DVD zurückgeben willst. Dabei sollst du wieder das Prinzip der Übertreibung verwenden – und zwar, indem du dieses Mal die Geschwindigkeit übertreibst.

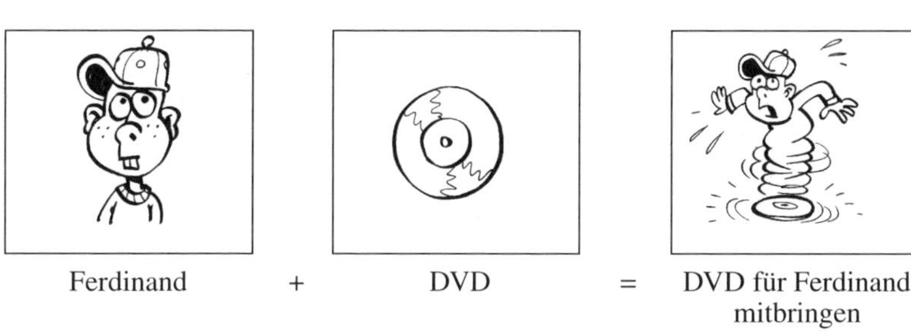

Ferdinand + DVD = DVD für Ferdinand mitbringen

Stelle dir vor, dass die DVD wie eine Frisbeescheibe durch die Luft schwirrt und Ferdinand bei einer wilden Verfolgungsjagd vor der DVD flüchtet, aber er hat keine Chance. Die DVD ist schneller. Als sie Ferdinand erwischt hat, fliegt sie zuerst um ihn herum, dann wird sie so groß wie ein Mini-Trampolin und schiebt sich dann unter seine Füße und wirbelt ihn wie ein Karussell im Kreis herum.

Mit dieser kleinen Übung hast du erreicht, dass du dir zwei zusammengehörige Begriffe einprägst, indem du dir eine groteske, lustige Assoziation ausgedacht hast, die du wie einen Fernsehclip vor deinem inneren Auge ablaufen lässt.

Übung: Verknüpfungen lernen – Jetzt bist du dran

Du weißt jetzt, wie man Verknüpfungen herstellt, und kannst die nächste Übung ohne weitere Vorschläge machen. Zunächst erhältst du drei gezeichnete Begriffspaare. Unter die leeren Felder rechts schreibst du deine Verknüpfung, die du aus den Vorgaben zusammengestellt hast. In die leeren Felder kannst du zusätzlich ein Bild zeichnen, wenn du möchtest.

Danach kommen zwei weitere Vorschläge ohne Zeichnungen. Die Zeichnungen kannst du dann selbst einfügen und deine jeweilige Verknüpfung unter das dritte Feld rechts schreiben.

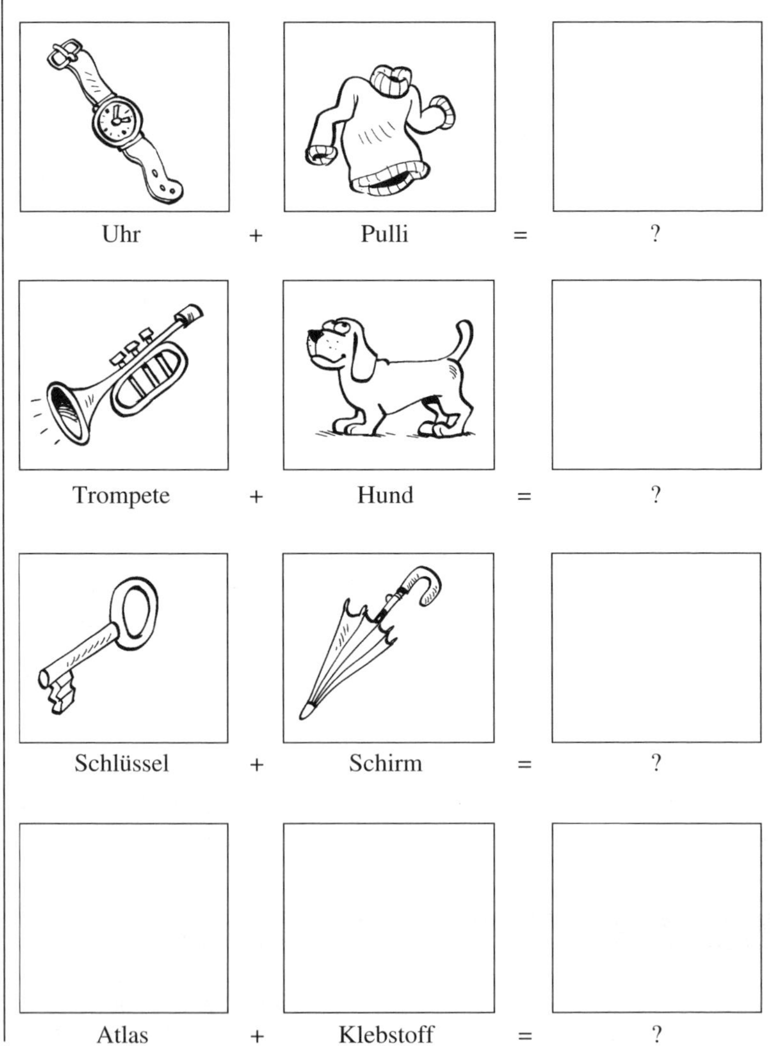

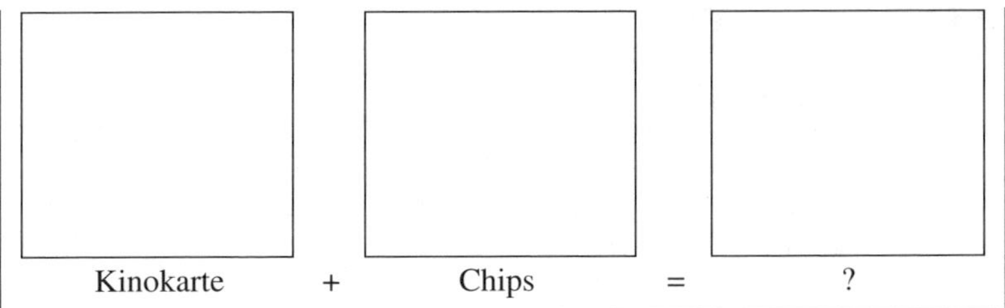

Es ist dir wahrscheinlich nicht schwergefallen, originelle Verknüpfungen zu finden. Es hilft dir, bei jeder Verknüpfung, also dem Bild rechts, die Augen zu schließen und deinen geistigen Kurzfilm intensiv und in allen Einzelheiten vor dir zu sehen. Wichtig daran sind das Witzige, das Überraschende und das Übertriebene. Ein bewegter Film ist manchmal besser als eine Momentaufnahme.

Wie viele Paare konntest du dir einprägen? Mache doch einfach die Probe!

Übung: Teste dein Gedächtnis

Gesucht ist der zweite Begriff.

Kuh ______________________

Schuh ______________________

Heizung ______________________

Trompete ______________________

Auto ______________________

Vase ______________________

Buch ______________________

Saurier ______________________

Gießkanne ______________________

Brot ______________________

Hai ______________________

Zum Vergleich nun die richtigen Lösungen: Geld – Kuh, Schuh – Tasche, Heizung – Schwan, Trompete – Hund, Vulkan – Auto, Vase – Elefant, Buch – Segelboot, Saurier – Koffer, Gießkanne – Hochhaus, Brot – Socke, Brief – Motorrad, Hai – PC.

Tipp:

Wenn du dir ganz einfach noch mehr Übungsmaterial für das Üben von Verknüpfungen herstellen möchtest, geht das so: Kopiere eine Seite mit den Assoziationskarten mehrfach und schneide die Karten der ersten beiden Spalten aus. Mit diesen Karten kannst du neue Zweierkombinationen herstellen. Möglich sind jetzt aber auch Dreier-, Vierer- oder Fünferkombinationen. Mit dieser Schulung wirst du immer schneller im Finden von Assoziationen. Du kannst diese Fähigkeit sofort einsetzen. Probiere es doch bei folgendem Text aus.

5.3.4 Übung für das Fach Biologie

Angenommen, du musst den Aufbau eines Zahnes kennen, wie er im folgenden Text beschrieben ist.

Übung: Verknüpfungen bei einer Aufgabe im Fach Biologie lernen

Deine erste Aufgabe ist es, die wichtigen Wörter zu unterstreichen. Im folgenden Beispieltext wurde das schon für dich erledigt.

Aufbau eines Zahnes

Feine Nervenfasern gelangen aus dem Kiefer durch eine kleine Öffnung in der Zahnwurzel in das Innere des Zahns und machen ihn schmerzempfindlich. Durch die Wurzelöffnung führen auch Blutäderchen in die Zahnhöhle. Sie versorgen die Zähne mit Baustoffen. Calcium spielt dabei eine besonders große Rolle, denn das Zahnbein, aus dem der größte Teil des Zahns besteht, enthält sehr viel Calcium. Die äußere Hülle des Zahns, der glänzende, glatte Schmelz, ist die härteste Substanz im menschlichen Körper. Auch die Zahnwurzel ist durch einen harten Mantel geschützt. Man nennt ihn Zahnzement. Mit vielen Haltefasern ist der Zahn im Kiefer verankert. Nur die Krone des Zahns ragt aus dem stark durchbluteten Zahnfleisch heraus.

Nun schreibst du die unterstrichenen Begriffe auf ein separates Blatt: Nervenfasern, Zahnwurzel, Blutäderchen, Zahnhöhle, Calcium, Zahnbein, Schmelz, Zahnzement, Haltefasern, Krone, Zahnfleisch.

Um den Aufbau des Zahnes zu kennen, genügt es, diese Begriffe auswendig zu können. Wenn du diese der Reihe nach aufsagen kannst, weißt du das Wichtigste über den Aufbau eines Zahnes.

Wichtig: Es geht jetzt nur um das Auswendiglernen der elf Begriffe und nicht um das Auswendiglernen des gesamten Textes.

Hier folgt ein Vorschlag für Assoziationen:
Du kannst dir die kleinen Geschichten entweder nur vorstellen oder eine kleine Skizze in die vorbereiteten Rahmen zeichnen.

Nervenfasern + Zahnwurzel + Blutäderchen:
Nervenfasern kommen wie ein Pinsel an die Zahnwurzel heran und kitzeln die Zahnwurzel, die dabei lachen muss, dann gehen die Nervenfasern durch die Öffnung durch und werden zu roten Blutäderchen. Eines platzt auf und färbt die Zahnwurzel rot.

selbst gezeichnetes Bild

Zahnhöhle + Calcium + Zahnbein:
Du gehst in eine dunkle Höhle, nämlich die riesig vergrößerte Zahnhöhle. Du betrittst sie mit einer Kerze und leuchtest sie aus. In der anderen Hand hast du ein Glas, in der eine Calciumtablette sprudelt. Du hältst die Kerze an die Wand und siehst, dass die Wand aus Zahnbein besteht, du klopfst dagegen und hörst, wie hohl das Zahnbein klingt.

selbst gezeichnetes Bild

Schmelz + Zahnzement + Haltefasern:
Nun betrachtest du den stark vergrößerten Zahn von außen wie ein Iglu. Außen herum ist zum Schutz harter weißer Schmelz wie ein Eispanzer. Du nimmst einen Hammer und haust ein wenig davon weg, darunter kommt Zahnzement zum Vorschein, daran kann sich der Schmelz festhalten. Damit die Mauer nicht umfällt, spannen sich viele Haltefasern um die Mauer und befestigen sie.

selbst gezeichnetes Bild

Krone + Zahnfleisch:
Du betrittst nun das Iglu und siehst mitten drin eine große weiße Krone. Sie steht auf einem blutroten Teppich, es ist das feste Zahnfleisch.

selbst gezeichnetes Bild

Kannst du nun alle elf Begriffe auswendig?

Schreibe sie hier noch einmal auf:

Es folgt eine Aufgabe, wie sie in einem Test abgefragt werden könnte:

Beschreibe den Aufbau eines Zahnes.

(Du darfst jetzt weder den Text lesen, noch die Assoziationen anschauen.)

Vergleiche jetzt deine Beschreibung mit der im Buch. Vielleicht hat das Lernen mit dieser Methode heute noch lange gedauert. Den Vorteil erkennst du aber schon morgen im Unterricht: Du kannst dich an alles erinnern. Du wirst staunen, auch in zwei Wochen weißt du noch fast alles. Auch wenn deine Klassenarbeit erst in sechs Wochen kommt, wirst du nicht mehr lange Zeit aufwenden müssen, um den Sachverhalt zu wiederholen.

Mit täglicher Übung hast du die oben beschriebene Methode schnell so stark verinnerlicht, dass sie bald automatisch abläuft. Dann sparst du dir sogar viel Zeit beim Lernen. Es lohnt sich also für dich, diese Methode zu lernen. Sie ist sehr effektiv und du kannst sie auch noch im Studium und im Berufsleben anwenden. In abgewandelter Form wird sie auch von Gedächtniskünstlern angewendet.

Hier noch eine weitere Aufgabe zum selbstständigen Üben.

Übung: Noch einmal Verknüpfungen lernen

Hormone

Hormone sind biochemische Botenstoffe, die innerhalb des Körpers Informationen von einem Organ zum anderen übermitteln. Sie sind bereits in sehr geringer Konzentration wirksam. Gebildet werden sie im Gewebe oder in Hormondrüsen, die man auch endokrine Drüsen nennt. Hormondrüsen haben im Gegensatz zu anderen Drüsen keinen Ausgang, denn die Hormone werden direkt ins Blut abgegeben. Die Dauer von der Hormonausschüttung bis zur spürbaren Wirkung kann von Sekunden, über Minuten bis zu Stunden betragen. Hormondrüsen hat der Mensch im Gehirn, aber auch an vielen anderen Organen im Körper. Neurotransmitter sind im Gehirn vorkommende biochemische Stoffe, welche eine Information von einem Neuron zum anderen an den Synapsen weitergeben. Elektrische Impulse, welche an einer Synapse ankommen, veranlassen die Ausschüttung der chemischen Botenstoffe aus ihren Speicherorten (Löhle, 2007).

Deine Aufgabe ist es, den obigen Text möglichst genau wiederzugeben.
- Zuerst unterstreichst du die wichtigsten zehn Wörter.
- Dann schreibst du diese Wörter heraus.
- Nun bildest du wieder Assoziationen.
- Höre dich dann die wichtigen Wörter ab.
- Jetzt schreibst du den Text über Hormone.

Du bist jetzt fit genug, um dich an weitere derartige Aufgaben zu wagen. Vielen Schülern macht es sehr viel mehr Spaß, auf diese Art und Weise zu lernen, als sich den Stoff nur mühsam und freudlos einzupauken! Sie können kreativ mit ihrem Lernstoff umgehen und haben darüber hinaus auch immer wieder etwas zum Lachen. Humor und Kreativität werden durch diese Art zu lernen gefördert.

5.3.5 Gedächtnistraining mit Zahlensymbolen

Zahlen auswendig zu wissen, ist im Leben und in der Schule eine häufige Aufgabe, zum Beispiel Pin-Nummern, Kontonummern, Geschichtsdaten etc. Da es sich dabei um abstrakte Dinge handelt, haben viele Menschen Schwierigkeiten, sich diese zu merken. Glücklicherweise gibt es eine effektive Methode, Zahlen in Bilder zu verwandeln und diese im visuellen Gedächtnis abzuspeichern. Du lernst, jeder Zahl ein Bild zuzuordnen.

Eine Nummerierung bringt Ordnung in jedes Chaos, deshalb beginnen wir mit dem Einprägen der Zahlensymbole von eins bis zwölf.

Die Zahlensymbole

Alle Zahlenbilder sind symbolhaft so gezeichnet, dass du vor deinem geistigen Auge gleichzeitig einen Gegenstand und eine Ziffer bzw. Zahl siehst. Es sind einfache Gegenstände aus dem Alltag.

Die Ziffer 1 kannst du dir bildhaft als brennende Kerze vorstellen.

Die Form des Schwans erinnert an die Ziffer 2.

Eine dreizackige Mistgabel verbindet sich in der Vorstellung leicht mit der Ziffer 3.

Das vierblättrige Kleeblatt ist ein Symbol für die Ziffer 4.

Eine Hand mit 5 Fingern steht für die Ziffer 5.

Ein Elefant mit hochgerolltem Rüssel hat die Form der Ziffer 6.

Die wehende Flagge sieht aus wie die Ziffer 7.

Am Umriss einer Eieruhr erkennst du die Ziffer 8.

So gesehen hat eine Pfeife Ähnlichkeit mit der Ziffer 9.

Der Golfschläger und Golfball symbolisieren zusammen die Zahl 10.

Zwei Skier nebeneinander sehen aus wie die Zahl 11.

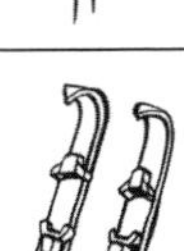

Bei einem alten Rasselwecker sind die Zeiger auf 12 Uhr stehen geblieben und erinnern an die Zahl 12.

Übung: Zahlensymbole

Du musst dir diese Zahlensymbole so gut einprägen, dass du sie vorwärts, rückwärts und in beliebiger Reihenfolge stets abrufbereit hast. Das fällt dir bestimmt nicht schwer, weil die Bilder so gewählt sind, dass bereits die Form des Bildes eine Gedankenverbindung zur Zahl herstellt.

Wenn du diese Symbole beherrschst, kannst du dir zwölf Dinge blitzschnell mühelos merken und deine Mitschüler und Lehrer immer wieder mit deinem hervorragenden Gedächtnis verblüffen. Du kannst den Inhalt einer Geschichte, eines Films oder der Nachrichten in der richtigen Reihenfolge problemlos wiedergeben.

Wieder beginnen wir mit einer einfachen Assoziationsübung.

Merke dir bei folgender Liste die Gegenstände und die dazugehörige Nummer:

1. Kugelschreiber
2. Telefon
3. Tennisball
4. Tanne
5. Balkon
6. Affe
7. Rose
8. Schreibtisch
9. Foto
10. Skateboard
11. Fernseher
12. Faxgerät

Mein Vorschlag für Merkverknüpfungen:

Der Docht von deiner *Kerze* wird zu einer *Kugelschreiber*mine, die *Kerze* selbst zu einem *Kugelschreiber* mit dem du schreiben kannst.

Ein *Schwan* nimmt den *Telefonhörer* in den Schnabel und reicht ihn dir zum *Telefon*ieren.

Ein Balljunge rennt mit einem *Dreizack* auf dem Tennisplatz herum und versucht, einen *Tennisball* aufzuspießen.

Mitten im *Kleefeld* wächst eine *Tanne*, eine Kuh frisst Klee und reibt sich an der Tanne.

Per *Hand*stand marschierst du auf den *Balkon*. Deine *Hand* hast du zuerst in Farbe getaucht und hinterlässt jetzt *Hand*abdrücke auf dem Balkon.

Ein *Elefant* umfasst den *Affe*n mit seinem Rüssel und setzt ihn schwungvoll auf seinen Rücken, wo der *Affe* lustig herumturnt.

Eine *Fahne* steckt in einem *Rose*nstock und der Wind weht kräftig hinein, das Tuch der *Fahne* wird durch die Dornen der *Rose* zerrissen.

Deine Freundin kommt herein und stellt eine große *Sanduhr* auf deinen *Schreibtisch*. Die *Sanduhr* zerbricht und das zerbrochene Glas zerkratzt deinen *Schreibtisch*.

Eine *Pfeife* wird direkt auf einem *Foto* entleert. Weil die Asche noch heiß ist, brennt sie ein Loch in das *Foto*.

Mit *Golfschläger* und *Golfball* bewaffnet fährst du mit deinem *Skateboard* los, du fährst zum Minigolfplatz, mitsamt dem *Skateboard* hüpfst du über den Zaun, der Platzwart jagt dich vom Platz.

Du schnallst deine beiden *Skier* an, stellst den *Fernseher* darauf und fährst ab. Du fährst auf einen großen Schneehaufen und der *Fernseher* fliegt im hohen Bogen darüber hinweg.

Du steckst den *Wecker* in den Dokumenteneinzug des *Faxgerätes*, total platt kommt der *Wecker* aus dem *Faxgerät* unten wieder heraus.

Versuche jetzt, die Liste mit den 12 Begriffen in der richtigen Reihenfolge auswendig aufzuschreiben.

____

____

____

____

Wie kann man sich mit dieser Methode eine Pin-Nummer einprägen? Auch dies ist ganz leicht – schau dir hierfür das folgende Beispiel an.

Beispiel: Pin-Nummer 6427

Du könntest dir folgende Geschichte ausdenken:

Ein *Elefant* pflückt mit seinem langen Rüssel ganz sorgfältig ein vierblättriges *Kleeblatt*. Da flattert ein *Schwan* daher, schnappt es ihm weg und prallt vor Schreck gegen eine *Flagge*.

5.4 Schlussbetrachtung und Ausblick

Du bist nun am Ende dieses Reiseführers durch das Land des Lernens angekommen. Sicherlich gab es überraschende Ausblicke und Einsichten, verlockende Aussichten und sicheren Boden, aber auch Abgründe und unwegsames Gelände. Inzwischen ist dir wahrscheinlich klar, was andere besser machen und woran du selbst noch arbeiten kannst. Wenn du das Buch wirklich wie einen Reiseführer benutzt hast, also Etappe für Etappe nacheinander durchgearbeitet hast, dann hast du dein Lernverhalten in dem einen oder anderen Punkt bestimmt jetzt schon geändert. Der Erfolg wird sich dann auch einstellen. Sei geduldig und nimm das Buch immer wieder zur Hand.

Plötzlich macht dir die Schule wieder mehr Spaß. Du kannst mit Freude in den Unterricht gehen, brauchst keine Angst vor Klassenarbeiten mehr zu haben und traust dir selbst viel mehr zu. Das gewonnene Selbstvertrauen hilft dir auch bei deiner Berufswahl.

Das Wissen um die richtigen Lernstrategien wird dir nicht nur in der Schule, sondern auch in deinem späteren Leben nützen.

Anhang

Literatur

Aamodt, S. & Wang, S. (2012). *Welcome To your Child's Brain. Die Entwicklung des kindlichen Gehirns*. München: C.H. Beck.

Bauer, J. (2008). *Prinzip Menschlichkeit. Warum wir von Natur aus kooperieren*. München: Heyne Verlag.

Bastian, H.G. (2007). *Kinder optimal fördern – mit Musik: Intelligenz, Sozialverhalten und gute Schulleistungen durch Musikerziehung*. Zürich: Co.-Prod. mit Atlantis Musikbuch-Verlag.

Beck, F. (2014). *Sport macht schlau: Mit der Hirnforschung zu geistiger und sportlicher Höchstleistung*. Berlin: Goldegg Verlag.

Bernard, E. (2015). Melodien für Körper und Geist. *Gehirn und Geist,* 1/2015.

Birkenbihl, V.F. (2002). *Sprachen lernen leicht gemacht! Die Birkenbihl-Methode zum Fremdsprachenlernen!* Offenbach: GABAL.

Birkenbihl, V.F. (2003). *Stroh im Kopf? Vom Gehirn-Besitzer zum Gehirn-Benutzer*. Frankfurt am Main: mvg Verlag.

Cooper, K.H. (1997). *Can stress heal? Converting a major health hazard in a surprising health benefit*. Nashville, TN: Thomas Nelson.

Dieterich, V.-J. (1991). *Johann Amos Comenius. Mit Selbstzeugnissen und Bilddokumenten*. Reinbek: Rowohlt.

Dweck, C. (2009). *Selbstbild: Wie unser Denken Erfolge oder Niederlagen bewirkt*. München: Piper.

Ernst, H. (2011). *Innenwelten: Warum Tagträume uns kreativer, mutiger und gelassener machen*. Stuttgart: Klett-Cotta.

Feibel, T. (2014). *Facebook aber richtig! Richtiges Verhalten in sozialen Netzwerken*. Ravensburg: Ravensburger Buchverlag.

Geisselhart, O. & Geisselhart, R. (2013). *Best of Geisselhart. Die erfolgreichste Strategie des Gedächtnistrainings*. Zürich: Orell Füssli.

Glomp, I. (2014). Warum das Internet uns schlauer macht. *Psychologie Heute, 8,* 66–71.

Goleman, D. (1997). *Emotionale Intelligenz*. München: dtv.

Goleman, D. (2014). *Konzentriert Euch! Eine Anleitung zum modernen Leben*. München: Piper.

Hofmann, E. (2012). *Progressive Muskelentspannung. Ein Trainingsprogramm* (3., korrigierte Aufl.). Göttingen: Hogrefe.

Hofmann, E. & Löhle, M. (2012). *Erfolgreich Lernen. Effiziente Lern- und Arbeitsstrategien für Schule, Studium und Beruf*. Göttingen: Hogrefe.

Klein-Heßling, J. & Lohaus, A. (2012). *Stresspräventionstraining für Kinder im Grundschulalter* (3., aktual. u. erw. Aufl.). Göttingen: Hogrefe.

Löhle, M. (2007). *Wie Kinder ticken. Vom Verstehen zum Erziehen*. Bern: Huber.

Olchewski, A. (1996). *Progressive Muskelentspannung*. Heidelberg: Haug.

Pöppel, E. (2000). Multitasking schadet unserer Intelligenz. *Psychologie Heute, 6,* 32–33.

Roming, A. (2013). Stress bewältigen, mit dem Tiger tanzen. *Psychologie Heute, 4,* 20–27.

Rötzer, F. (2000). Medienkonsum und Multitasking: Wie viel ist zu viel? *Psychologie Heute, 6,* 28–31.

Rubner, J. (2014). *Verrückt: Was wir aus Fehlern unseres Gehirns lernen können*. München: Piper.

Schmitz, W. (2013). *Schneller lesen – besser verstehen*. Reinbek: rororo.

Seligman, M. (2012). *Flourish – Wie Menschen aufblühen: Die Positive Psychologie des gelingenden Lebens*. München: Kösel-Verlag.

Spitzer, M. (2007). *Lernen: Gehirnforschung und die Schule des Lebens*. München: Spektrum Akademischer Verlag.

Spitzer, M. (2014). *Musik im Kopf: Hören, Musizieren, Verstehen und Erleben im neuronalen Netzwerk*. Stuttgart: Schattauer.

Thomé, G. (2014). *ABC und andere Irrtümer über Orthographie, Rechtschreiben, LRS/Legasthenie*. Oldenburg: Isb Institut für sprachliche Bildung.

Hilfreiche Internetseiten

www.internet-abc.de

www.klicksafe.de/themen/kommunizieren/cyber-mobbing

www.focus.de/familie/lernen/

www.foodwatch.org

www.memoryxl.de

www.spiegel.de/gesundheit

www.spielbar.de

www.spieleratgeber-nrw.de

www.usk.de

Hinweise zu Studien

Seit 1998 wird mit der *JIM-Studie* im jährlichen Turnus eine Basisstudie zum Umgang von 12- bis 19-Jährigen mit Medien und Information durchgeführt (vgl. http://www.mpfs.de/).

Die European Food Safety Authority (EFSA), also die Europäische Behörde für Lebensmittelsicherheit EFSA, veröffentlichte folgende Studie: Scientific Opinion on the safety of caffeine: www.efsa.europa.eu/de/efsajournal/pub/4102

Die Studie zur Gesundheit von Kindern und Jugendlichen in Deutschland *KiGGS* ist eine vom Robert-Koch-Institut seit 2003 durchgeführte Erhebung zum Gesundheitszustand der in Deutschland lebenden Kinder und Jugendlichen im Alter von 0 bis 17 Jahren sowie zu deren gesundheitlicher Entwicklung bis ins Erwachsenenalter (vgl. http://www.kiggs-studie.de/).

Sachwortregister